U0111386

大展好書　好書大展
品嘗好書　冠群可期

大展好書　好書大展
品嘗好書　冠群可期

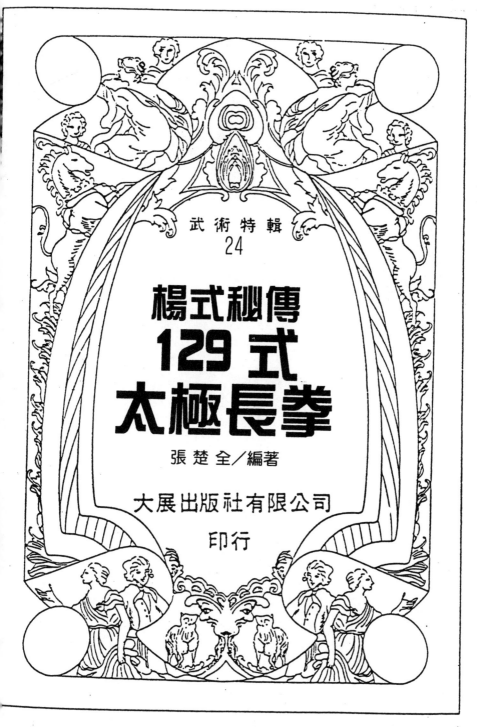

武術特輯
24

楊式秘傳
129式
太極長拳

張楚全／編著

大展出版社有限公司
印行

前　言

「129式太極長拳」套路編寫終於完稿。我寫此書的目的有三：

一、我老師趙桂恆在世時，曾在70年設想過，把「129式太極長拳」編寫成書，因種種原因未曾如願。這次編寫完稿就可實現老師的遺願，盡到承上啟下之責。

二、近幾年，我從南到北走了很多城市，未曾見到有練此拳，久無人練此拳將有失傳可能。寫作出版可保存這個優秀套路，傳於後人。

三、為弘揚太極文化，發展民間武術，以實現推廣和普及中華武術之精髓為己任的宗旨，不辜負前輩之望。

這次套路編寫，首先要感謝《中華武術》雜誌原副主編周荔裳老師，是她對我熱情的鼓勵和支持，如無她的鼓勵，我可能下不了這麼大決心；同時也要感謝我市體委、體總對我的關心支持。

129式太極長拳，是一代宗師楊澄甫先生創編的，楊授予其拜門弟子陳月坡。30年代，陳月坡到

上海傳其師弟趙桂恆；我是從趙桂恆先生學的。

陳月坡是跟隨楊澄甫先生學拳最早的弟子之一，他武藝高強，為人隨和，名利無思，故未成盛名，知其名者不多。我師趙桂恆，在本世紀初，16歲上就跟楊澄甫先生學過六年太極拳，因其好學肯練，深受楊師的喜愛，深得楊氏太極拳的真諦。

關於太極長拳的來由，老師對我講了下面一段來歷：陳月坡常流動於北方教拳，30年代中期到上海，因人地生疏，就居住在其師弟褚桂亭家，歷時近一年。因當時上海武林爭雄，拳社繁多，他是初到上海，地生人不熟，難以打開局面。陳考慮到上海非久留之地，就籌集銀洋30元去杭州教拳。臨行前，朋友們為他設宴餞行，30元銀洋不慎失竊，「褚家」又不便再去，處境十分尷尬。

第二天他在黃埔公園遇見師弟趙桂恆（趙是楊澄甫第九弟子），敘說頭天之事。趙對其處境非常同情，當即邀他到家暫住，吃、用全包（那時趙家住楊樹浦）。

一住數月，陳月坡內心感激，問趙，要不要學129式太極長拳？趙喜出望外，拳禮求教。後來問陳，此拳何人所傳？還有何人會練？陳說：「是三先生（三先生指楊澄甫，那時楊的弟子都不稱老師，均叫三先生）親自教我的，別人都不會。」趙學

成此拳後，有一天在復興公園練習，被褚桂亭碰見，褚問該拳的來歷，趙只得實言相告。褚聽後就大發脾氣：「他在我家住了這麼久，未聽說三先生還教給他這個拳，他也不教一招半式，壞透了！」由此可見，連負有盛名的褚桂亭也不知此拳，說明楊澄甫當時確未傳過他人。

　　本書是根據老師教我的鍛鍊方法、技術要領、演練風格編寫的，並把自己幾十年練拳的部分心得、體會融貫其間，以充實拳中內容，便於初學者習練。

　　拳理是良師，練架為益友，持恆辛勤學，延年無需愁。

　　我年輕時有多種疾病，抱著試試看的態度，向啟蒙老師王定良先生學了一套85式太極拳，其後雖練習數年，卻始終未得要領。後拜楊澄甫先生第九弟子趙桂恆為師，經趙老指點，細聽了他的教誨，逐一糾正動作，逐步悟到了學拳的要領和正確的鍛鍊方法，後又向他學了太極長拳。

　　經過一年時間，收穫甚大，感到渾身氣感濃濃，妙趣橫生，身體大有好轉。三年後，身上的疾病全祛。我現年近七旬，原有的腹瀉、腹痛、內痔瀉血、失眠、心臟病、胃病、氣喘和關節疼痛等毛病完全消除。既未用藥，又不求醫，由此可見善練太

極的妙處。有人說:「苦練十年,不如明師一點」,對此話我體會很深。35年練拳歷史告訴我:盲練事倍功半,善練能事半功倍。

太極長拳,既適於中青年太極拳愛好者強身、健體、防身的鍛鍊;只要適當調節一下發勁的方法,同樣適合老年人習練。只要掌握要領,方法得當,持之以恆,就能使老年人煥發青春,精神飽滿,內氣充實,行步輕靈,記憶力不衰,顯示出人老神不老,年老志不老的精神風貌。

我以自己幾十年的練拳體會,編寫了這本書,雖盡了很大努力,但寫作中仍難免有不妥之處,敬請同仁、行家指點批評!

張 楚 全
於東海之濱

目　錄

前　言 ……………………………………………………3

第一章　太極長拳的特點

總則 …………………………………………………… 11
第一節　上肢 ………………………………………… 12
　一、肩 …………………………………………… 13
　二、肘 …………………………………………… 14
　三、腕 …………………………………………… 15
　四、手掌 ………………………………………… 15
第二節　下肢 ………………………………………… 19
　一、胯 …………………………………………… 19
　二、膝 …………………………………………… 21
　三、踝 …………………………………………… 21
　四、腳 …………………………………………… 22
第三節　頭顱、椎體 ………………………………… 23
　一、頭顱 ………………………………………… 23
　二、軀幹、脊柱 ………………………………… 24
　三、頸項 ………………………………………… 25
　四、胸背 ………………………………………… 25
　五、腰、腹 ……………………………………… 27
　六、荐椎、臀部 ………………………………… 29

七、尾椎 ·· 30

第二章　太極長拳的功架風格

第一節　獨具一格 ······································ 31

1.「長拳」的風格 ····································· 31

2.保持楊式太極拳「十要」 ····················· 32

3.發勁的風格 ··· 32

4.練拳要明規矩 ····································· 32

5.既不用力，何以發勁？ ························· 33

6.動作快打，怎能求靜？ ························· 33

7.既是快慢相間，何能「相連不斷」？ ········ 33

8.既要鬆柔又要剛健，怎樣習練？ ············ 33

第二節　太極長拳發勁的要求 ···················· 34

1.不可用慣性發勁 ································· 34

2.發勁要動短勁長 ································· 34

3.發勁需曲中求直 ································· 35

4.發勁要注意方向角度 ··························· 35

第三節　太極長拳動作的整體要求 ·············· 35

1.身軀在整體活動中的要求 ····················· 36

2.腿法上的正隅之分 ····························· 36

3.上肢如何配合整體運動？ ····················· 37

4.下肢如何配合整體運動？ ····················· 37

第四節　腹式深呼吸運動 ·························· 38

1.增強拳架氣勢 ····································· 38

2.技擊實用 ··· 39

3.保健作用 ··· 39

4.按摩作用 ……………………………………… 40

5.對深呼吸運動的要求 ……………………… 41

6.一動無有不動 ………………………………… 43

第五節　練太極長拳是科學的積極性休息 ………… 43

第三章　楊式秘傳129式太極長拳拳譜 ………… 45

第四章　楊澄甫秘傳129式太極長拳套路圖解 …… 49

「太極銘」四首贈擧友

張楚全

(一)

心引內動含詩情，氣促外運帶畫意，
神貫秀練求精華，體出混元明法理。

(二)

手舞空間劃八卦，腳踏地面出五形，
身居正堂定陰陽，意坐帳台下君令。

(三)

腰是中軸腳似輪，四方運行有中定，
神斂氣聚形無威，胸中自容抗邪兵。

(四)

習拳先把心放正，妄念排除悟要領，
若問太極何所有？益壽延年神回春。

第一章 太極長拳的特點

總 則

任何體育運動，都要符合人體生理規律，太極長拳（太極拳）也不例外。而太極長拳正是在科學掌握人體生理規律的基礎上，通過人體構造中骨骼、肌肉諸系統的有機結合，以促使其活動範圍的擴大和機能發揮。在此，我謹結合拳論、拳理，並根據幾十年練習「太極拳」的實踐，特與同行們共同探討研究。

練太極長拳，若能掌握一些人體構造和機能的知識，同時學習太極拳的理論和要領，把生理運動規律與拳理密切聯繫起來，到拳架既符合生理規律，又符合拳理要求，有利於太極拳技術的發展和提高。通過把古老的民族文化遺產——太極拳，提高到現代體育科學研究的位置上來，真正做到繼承中求提高，在提高中去普及發展，這是我們現代太極拳愛好者的任務。

練拳要符合生理規律。人體構造各部位有其一定轉動範圍，有些動度中不一定符合拳理的要求。比如：肩關節的轉動範圍，前後、左右旋轉均能達360度，而拳理就不需要這個旋轉度，你把手轉到背後，就違反「拳不過隙」的拳理原則，有的動作做得出格，那就不符合生理規律。所以從生理規律的角度對拳理進行分析、研究，是練好和

提高太極長拳（太極拳）的關鍵所在。練拳中動作正確與否，應該是對人體各部位的要求而言，凡生理規律符合，拳理原則合規，全身能放鬆，意念指揮有方，走架舒服，動作就正確，反之就叫做不正確。

由於對生理規律、人體各部位構造和機能概念不清，以及拳理不明，有些動作究竟怎樣才算正確，是非難分。惟有用科學的方法來分析、掌握人體構造，如人體骨骼和肌肉、神經系統在各部位的構造、形態及其生理機能、活動範圍、拳術要領的知識來進行分析，方可得到正確答案。這樣，在研究和練習太極拳的過程中，既能打破太極拳玄妙難測、高不可攀的誤區；又能看到太極拳博大精深的內涵。

太極拳前輩在太極拳論述中雖然沒有講到人體構造和機能互存因果關係或生理規律，但實際上，「拳論」和「要領」已經包含了這一學問。例如「沈肩墜肘」，前輩是根據鍛鍊實踐得出的心得體會，它是符合拳理、技擊原理和生理規律的。太極拳的「十要」，就是依據生理規律而提出的學拳要領。

本文僅從練習太極長拳的實踐出發，根據太極長拳的動作要求，以我的淺略的生理知識介紹人體構造、活動範圍、拳理對人體各個部位在練習中的要求，以及每個部位的技擊作用，並插入上肢圖略作分析，供初學者參考。

第一節　上　肢

不論是練架子或實用，上肢動作的正確與否極為重要。認清上肢各關節的構造、活動範圍、拳理要求，以及每個部位的技擊作用很有必要。

上肢由肩、肘、腕三個關節和上臂、前臂、手掌組成。人體構造是個整體，與機能的關係互有因果，其中有某一個部位動作不正確，就會影響別的部位；某一部位動作的正確，它也能帶動別的部位。

在上肢解剖圖（圖1）中，可以明顯看出，上肢的構造，學者可用自己的手臂內外旋轉，試驗太極拳出掌的角度，就會感受到掌的角度重要性。對肩、肘、腕、手的具體運用和要求，下文略有說明。

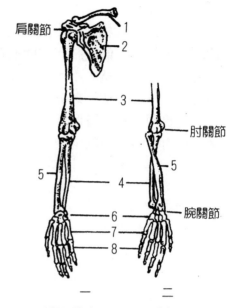

一、手掌向前時　　二、手掌向後時

1. 鎖骨	2. 肩胛骨
3. 肱骨	4. 尺骨
5. 橈骨	6. 腕骨
7. 掌骨	8. 指骨

圖1　上肢骨骼

一、肩

肩關節是上肢的大關節。

1.肩關節的構造：

主要是由上臂的肱骨和肩胛骨相連接，由肱二頭肌、肱三頭肌、三角肌和韌帶連接形成。

2.肩關節的活動範圍：

在肌肉伸縮牽動中，肩關節的活動度較大，前後、左右旋轉能各達360度。

3.肩關節的拳理要求：

肩關節在太極走架中要下沈、鬆開，只有肩關節充分鬆開，才能使整個上肢在空間旋轉中自由活潑、運動自如。兩肩要保持平整，不可有高低，沈肩墜肘是太極拳的重要法則之一。肩關節鬆開下沈，還有助於含胸拔背、氣沈丹田的實現。沈肩墜肘時，不要把上臂貼住肋部，要注意腋下留有可容一拳的地方。

沈肩是太極中固定的姿勢，不論什麼動作，都要沈肩墜肘，違者氣就上浮，對走架、推手極為不利。兩肩與兩胯必須上下對齊，成一條垂直線，不論前進後退、四面轉換均要保持肩與胯合。

4. 肩在技擊上的作用：

肩在技擊上能化能打。對方用拿法以掌搭我肩，我鬆開一旋，將對方手化開，接著靠肩而出。根據需要，靠出有三個方向，向前稱為內肩靠，向後叫肩背靠，向外是側肩靠。

二、肘

1. 肘關節的構造：

肘關節是由肱骨下端和前臂的尺骨、橈骨上端，又連接肌肉韌帶形成。

2. 肘關節活動範圍：

在肌肉伸縮的牽動中，向內約屈160度，向外不能彎屈，只能直伸、前後、左右、上下轉動，要依賴肩關節的活動隨之轉動。

3. 肘關節的拳理要求：

肘尖要始終保持下垂、微屈、鬆柔、沈著，垂而不瘟，外張不抬，並與膝上下呼應，不可散亂。如果肘尖外突上抬，必然會影響墜肩和沉氣；同時會影響含胸拔背。

4. 肘關節在技擊應用上的作用：

在雙方過招時，肘在走化對方的來勁上能起重要的作用。肘能化能打，亦能拿住對方腕關節，肘靠勁運用方法較多，內外、上下、側面均可用上，拿法不少於兩個，屈時順逆旋轉，拿人之腕。肘勁的用法要以肩關節的靈活作後盾，與肩關節的角度轉變密切地配合，才會行之有效。

三、腕

1. 腕關節的構造：

腕關節主要是由腕骨、橈骨、尺骨下端和韌帶肌肉連接，形成腕關節。

2. 腕關節的活動範圍：

在肌肉伸縮牽引中，手掌上豎可達80度～90度，下墜80度～90度（極限度），內扣40度～45度，外擺40度～45度（均是極限度），又可順逆旋轉。

3. 腕關節的拳理要求：

腕關節要鬆柔圓活，在運動中保持坐腕，要柔而不軟化，鬆柔中有剛健，不要下塌。在動作定式時坐腕70度，手腕坐而不僵，掌指舒展，坐腕時掌指向上（上翹），要以肘的屈度來調節手掌豎起。如果腕屈到90度，必然別扭，氣血阻塞。

4. 腕關節在技擊應用上的作用：

腕關節在推手和技擊中極為靈活，它能化、能打、能扣、能封、能吊、能捌、能按、能挫、能勾，變化多端。

四、手掌

1. 手掌的構造：

手掌主要由指骨、掌骨、肌肉和韌帶相連接形成。

2. 手掌的活動範圍：

在肌肉伸縮牽動中，五指能伸展，掌心可略向外突，五指又能蜷曲接觸掌心，臂伸直，掌心由朝上向下內旋、外旋約為270度（與肱骨、尺橈骨同時旋轉），屈臂內旋180度（極限度）。手可借上肢三個關節活動，來增加多角度轉變的靈巧性。所以手的變化最多、最靈活，手在全身各部位中占有重要的地位。在練拳或技擊中，要運用它的靈活性來完成動作。

3. 手掌的拳理要求：

手型分為掌、拳、勾三種。太極長拳掌法，手指舒鬆分開、微屈，大拇指勿外翹，第三節微向外弓，指尖略扣，把虎口撐圓；拳，四指屈指內蜷，接觸掌心，拇指放在中指中節；勾：五指捏攏下垂，腕內屈60度。不論是掌、拳、勾，都要鬆柔舒適，不要僵硬。掌型有虛實之分，蓄勢、虛掌、掌指屈度為半徑30公分；發勢、實掌，掌指屈度為半徑40公分，時展時蓄，運掌活潑，以利於氣貫指梢。不論是正掌、側掌、俯掌、仰掌、垂掌、反掌，掌型的虛實變換均同上述。

4. 手掌在技擊應用上的作用：

手的用法範圍最廣，拳：能打、能撇、能搬、能栽、能貫；勾：能套、能封、能勾；掌：能掤、能捋、能擠、能按、能吊、能封、能拿、能插、能挑、能捌、能托，變化多端，用法頻繁。

5. 掌的運用及出掌的角度（圖2、圖3）：

出掌的角度正確與否，對整個上肢運用正確與否很關鍵。出掌的位置，掌型不正確，就會影響整個上肢運用的正確性，會使手掌及手臂失去應有的功能。為掌握用掌方法，下面插圖略作分析：

以左摟膝拗步為例，左掌摟過膝蓋，下按於左膝外側，應該是食指高於小指，從腕至肩三個關節，節節鬆柔舒服，指就有氣感，左側小腹感到鬆靜；如果左掌角度略轉，小指高於食

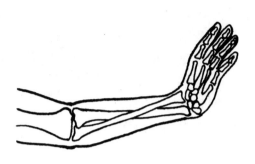

圖2　正確掌形

指，左臂的三個關節就節節僵硬，腕部別扭，肘尖外突，氣也無法下沈。

　　右掌向前推出，食指對準鼻尖。手掌要以尺側小魚際領先向前，勁點在掌根尺側，勁路經尺骨、肱骨、過肩，通過椎體直至右腳跟外踝後側，使前按之掌順勁得力，掌法既合拳術原理，又符合生理規律。

　　根據上肢構造，掌根的小魚際與前臂尺骨直接相連，而尺骨上端連接在肱骨下端中間最能著力的位置上，容易發揮手臂的功能。

　　與其相反，如果大小魚際平列前推，甚至於把大魚際領先作為勁點，手腕就別扭僵硬，肘尖外突，肩峰上聳，氣浮於上，影響功能的發揮。

　　根據上肢的構造，掌根橈側（大魚際側）的腕骨，連接在橈骨下端，橈骨置於尺骨上側，大魚際向前領勁，手掌內旋度達到180度（極限度）。由此，橈骨下端內旋太過，迫使上端骨頭角度偏外，力點向右外偏出，勁路形成三角形，前掌之勁離開後腳跟的方向，造成按勁失效、手腕別扭、肘尖外突、肩峰上聳、氣向上浮等一系列弊病。

用掌不得法，就會影響沈肩、墜肘和沈氣三個要領，有損鍛鍊的效果，因此把上肢的分析，重點放在手掌上。

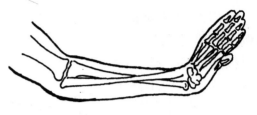

圖3　不正確掌形

太極長拳（太極拳）用掌的特點：向前推掌，小魚際略領先，肘尖張而不抬，向上托掌，大魚際高，小魚際低，肘尖墜而不癟；向下按掌，大魚際高，小魚際低，肘尖下墜肩沈；通背反掌，掌心向外，大小魚際上下持平，掌與肘呈斜135度，肘尖提而不突（大小魚際見圖4）。

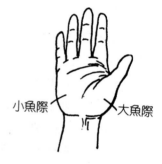

小魚際　　　　大魚際

圖4

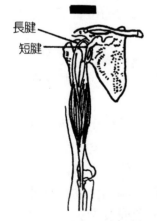

長腱

短腱

圖5　肱二頭肌腱

6.拳向後抽的位置：

「拳不過隙」是前輩寶貴經驗之談。

隙，指的是腰隙，就是說，拳的回抽不要超過腰隙。從生理上分析，腰隙在兩肚角之上，拳如果向後抽過腰隙，鎖骨就會拉高，肱骨向後硬頂肩胛骨，肩峰就會聳起，肩前肱二頭肌長、短肌腱向後繞彎度過多，影響了肱

二頭肌回縮的機能；從拳理上說，它拉長了出拳目標的距離，削弱進攻力量，這與生理、拳理都不符合（肱二頭肌的位置見圖5）。

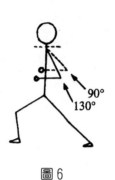

圖6

拳回抽後，肘尖對肩關節向後下斜130度，這就是前面放拳正確的位置。下面看圖分析。

如肘尖對肩關節向後下斜90度，那拳就過隙，可以說是不正確的位置，看圖則悟（圖6）。

掌與拳的位置正確與否，直接影響上肢及胸腹背部正確與否，故必須強調上述兩個方面，以收到練拳的效果。

第二節 下 肢

腳為車輪腰為軸。拳的套路運行、進退、縱橫，四面八方的轉換、虛實變化，都要依賴於兩腿，兩腳輕靈、圓活、敏捷的運行，才能順利完成套路。如果出腳方向不對，練拳就無定向，出腳角度有錯，就會影響整個下肢及其他部位的正確性。

下肢有三個關節（胯、膝、踝關節），為了掌握下肢的運動規律，並結合拳理對下肢的要求，以解剖圖略作分析（圖7）。

一、胯

1.胯關節的構造：

股骨上端的股骨頭，容納在髖骨臼內，連接肌肉韌帶，組成胯關節（股關節）。

2.胯關節的活動範圍：

在肌肉伸縮牽動下，向前上提約135度～160度，後舉約40度，外展約45度～90度，向內側舉約45度（雜技演員例外），還能順逆旋轉。

3. 胯關節的拳理要求：

胯關節要鬆開，旋轉要圓活，胯根收進，不可外挺，與腰同步轉動，不可有時間差，上要與肩合住，下要隨腳的轉動方向協調轉動，切忌左右擺扭。

4. 胯關節在技擊應用上的作用：

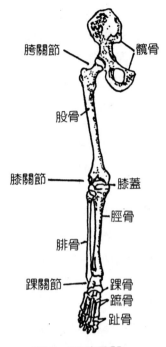

圖7　下肢骨骼

胯在太極拳的技擊應用上極其重要。上下肢動作，都是由胯來配合才能發揮作用，比如野馬分鬃，采、　、靠三勁，如果沒有胯勁的配合，就無法做好這個動作，出去沒有威力，氣浮於上，漂浮無力。只有胯根一收，腰力帶動，才能使三勁齊發，出勁沈著有力，富有彈性。捋勁，靠胯的內扣旋轉來實現，否則就成為浮在上面的手臂勁，下肢的扣封，憑胯的旋轉去封住對方。

所謂「表演在手腳，作用在於胯」。胯還可以單獨出擊靠擊對方。技擊上，胯的作用不可忽視。

二、膝

1.膝關節的構造：

股骨的下端和小腿的脛骨上端相連，前有膝蓋，周圍與肌肉韌帶連接，構成膝關節，小腿是由脛骨和腓骨組成的，腓骨置於脛骨外側。

2.膝關節的活動範圍：

在肌肉韌帶伸縮牽動中，膝內屈度約135度～170度，不能向前彎屈，左右擺扣旋轉，要依賴於胯關節活動而隨之，自動範圍極少。

3.膝關節的拳理要求：

做弓步時，膝蓋不要超出腳尖，也不要與前踝垂直，要保持脛骨與前踝弓傾25度～30度，後蹬腿不可伸直，要微屈，獨立腿、膝亦微屈，膝蓋不可撇向腳尖外方，應略向裡扣，要與上肢的肘尖上下呼應，切莫散亂。

4.膝在技擊應用上的作用：

膝可側壓對方下肢，扣封對方的小腿，膝蓋上提能靠打對方襠部及小腹，搶步上腳，膝後突然一挺，膝後委中穴可抬起對方前腿。膝關節鬆柔靈活，還可化開對方封我下肢之腳。

三、踝

1.踝關節的構造：

脛骨、腓骨下端和距骨相連，由肌肉、韌帶連接構成踝關節。

2.踝關節的活動範圍：

在肌肉伸縮牽動中，踝向前屈曲約40度～45度，向後屈曲約70度～90度，向內屈曲約45度，向外屈度極少，能左右順逆旋轉。

3. 踝關節的拳理要求：

踝要鬆開，要輕柔靈巧。出步時，踝關節前屈30度，腳跟先著地；提腳時，踝後屈60度，利於腳尖下墜，出步輕靈。如果前後屈度過大，會使踝部別扭；如不屈曲，動步就直上直落，步法就笨重，踝的內屈度要小，以防腳跟內翻，傷害外踝韌帶。踝關節在轉動時，要配合小腿及膝、胯關節的活動。

4. 踝關節在技擊應用上的作用：

踝關節可扣封對方踝側，挑勾對方下肢，內扣外撇，能牽動對方重心。腳著地時，跟部不可內翻，嚴防外踝韌帶有傷。因為小腿的腓骨在脛骨外側，超出腳跟垂直線，平時走路不小心，腳跟內翻，外踝韌帶常易受傷，所以在練拳和技擊中更應注意。

四、腳

1. 腳的構造：

主要骨骼是由跗骨、中間的距骨、跟骨、蹠骨、趾骨及以肌肉韌帶相連接構成。

2. 腳的活動範圍：

腳尖下墜度約80度～90度，上翹約40度～45度，配合膝、胯關節，外撇約90度，內扣約70度，腿、兩腳配合，內外扣撇能達180度以上，腳尖能順逆旋轉。

3. 腳的拳理要求：

提腳，腳尖下墜不超過60度，上翹不超過30度，超過這些角度，踝關節就會僵硬，不墜不翹，步法不活不靈。腳尖的外撇內扣，要配合上面的膝、胯關節的旋動，方能使撇扣鬆柔圓活。向後撤步時，腳尖下墜不要超過20度，使落腳舒適。

腳是下肢中最靈巧、變化較多的部位，練拳時前進、後退、左右轉換、四面八方運行，均要依賴腳的多變性來實現。下肢活動，旋腿轉踝，以腳為根基。腳的大拇趾，似路線運行的嚮導和領航員，出步時大拇趾領航方向正確，能使步法無誤，下肢

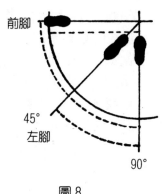

圖8

穩固，身體端正；大拇趾領航有誤，步法方向必亂，步型不正，下肢別扭，身法散漫。所以大拇趾的方向正確與否，是走架定向的關鍵。架勢應走什麼方向，腳大拇趾就要對準這個方向出去，在形成弓步時，後蹬腳的大拇趾與前腳的大拇趾，應保持45度的斜度，使上、下肢、肩、胯都能合度舒適。弓步時，如果後蹬腳的大拇趾與前弓步的大拇趾離開90度，那後胯根就會鬆弛，下肢極其別扭。以左摟膝動作為例：推掌就不能到位，身法不正，肩與胯合不住，後腳失去「勁起腳跟」的作用（圖8）。

拳論中說「誤以毫釐，謬之千里」是非常正確的。

第三節 頭顱、椎體

一、頭顱

1. 頭部的骨骼構造：

主要由額骨、頂骨、顳骨、鼻骨、上頜骨、下頜骨、枕骨、蝶骨，連接肌肉、韌帶組成，內有大腦、神經，耳、眼、鼻、口都在頭部，頭部是全身的總指揮部。

2.頭部的活動範圍：

頭的自動範圍很小，惟有上、下頷骨可以開合，下頷骨可略做左右移動，在肌肉牽引下，面部可以變形，頭依賴頸項部位，能前後俯仰、左右搖晃。

3.頭部的拳理要求：

頭要保持虛靈頂勁，帶領頸項和軀幹的正直，隨著動作、方向的變化，略做左右轉動，以助眼神，提高練拳的神氣。

4.頭部在技擊應用上的作用：

兩目在頭部，在技擊中能觀察對方的動向，眼神嚴而視之直逼對方，是一種精神威力；口鼻在頭部，必要時大吼一聲，可使對方震驚；兩耳在頭部，可以靜聽身後的動靜；敵近我身後，體略後移，頭突然一仰，後頂骨能撞打對方的鼻子；敵近我身前，我體略上移，頭突然一俯，前額撞其鼻子或胸部。

二、軀幹、脊柱

人體軀幹，主要是由脊柱，胸廓和肌肉韌帶組成。脊柱位置在背後，自第一頸椎起，直至尾閭，共由33個椎骨組成。脊柱分成5個部位，其中頸椎7個、胸椎12個、腰椎5個、荐椎5個、尾椎4個。脊椎有堅強的韌帶和肌肉相連接。椎骨上下相疊，每個部位的椎骨，受內外肌

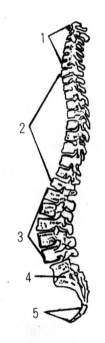

圖9　脊柱

1.頸椎　　2.胸椎
3.腰椎　　4.骶骨
5.尾骨

肉伸縮牽動，各有不相等的活動範圍。練拳時，配合動作開合的需要，各部的椎骨，都要參加不相等活動（圖9）。

　　胸廓，有12對肋骨，後面和12胸椎相連接，前面和肋軟骨相連。第十一、第十二對肋骨不連接肋軟骨，末端游離，叫做浮動弓肋。胸肋在內外肌肉牽動中，亦可上下移動，裡收外張。

三、頸項

1. 頸項的構造：

頸項是由7個椎骨上下連接而成，形態向前突。第一椎骨連接頭骨，第七椎骨和第一胸椎相連接。

2. 頸項部的活動範圍：

第一、第二頸椎的活動範圍較大，它能使頭左右、前後搖動，還可做順逆旋轉。

3. 拳理對頸項的要求：

第六、第七頸椎骨，稍向大椎後移，第一、第二椎骨微向前俯，促使下頜稍微內扣，改變昂首上仰的自然生理現象，保證頭的虛靈頂勁。上述皆以意念貫注，不犯強硬。頸項不可左右搖晃、前後俯仰，始終保持直豎，提高練拳的神氣。

4. 頸項在技擊應用上的作用：

頸項左右轉動，有利於目視、耳聽，起著導向的作用。頭部的頂、額二骨，能前後、左右撞打，就依賴於頸項的靈活運用來實現。頸項配合肩關節，還能封拿對手之手、臂。

四、胸背

1. 胸背部的構造

胸背部前後稱為胸廓（其構造在第三節第二點已有說

明，此處從略）。胸椎、肋骨，形態自然，均向前後弓突，保護著裡面的臟腑，在肌肉群的連接中，皆有彈性。

2.胸椎、胸肋的活動範圍：

受肌肉韌帶的伸縮牽動，能上拉下移，前後、左右搖動；但活動範圍不大。肋骨上移時，胸腔擴張，橫徑擴大；下移時，胸腔收縮，縱徑加深。在練拳中，要密切配合胸腔的內部活動。

3.胸椎、胸肋的拳理要求：

用意念控制，胸肋不要使勁向前突出。肋骨上拉，必然會使胸部外撐，出現挺胸浮氣，就不符合太極拳含胸、沈氣的要求。要做到含胸、沈氣，就離不開用沈肩墜肘來配合，胸部要平正、鬆靜，不能僵硬，也不可將胸部有意凹進去。

胸椎要節節鬆開，又要虛虛對準直豎，切忌強硬，不要前後、左右歪斜，待動作由虛變實時，大椎稍向上拔（第七頸椎下），肋骨向前捲，由此來帶動胸椎微向上拉，使脊柱兩側肌肉往下沈移，與下部骶骨產生對拉，起到舒筋拔骨作用。

含胸與拔背，是一個要領，兩個方面，二者是有機聯繫的。能做到含胸，就可以拔背。含胸拔背，主要是靠意念貫注、呼吸的配合來實現，決非強硬做作或模仿能成。

4.胸背在技擊應用上的作用：

含胸，可走化對方之勁，又可起到拿、封的作用。對方掌搭我胸，根據其所搭的角度、位置，我含胸一轉，氣貫小腹，可封住其腕關節，使其五指難受。含胸還可穩固下肢，靈活上肢。

背部椎骨上拔，能形成兩肩前蜷，增強臂勁前發的力

量。背，又可對付背後之敵，配合撤步、套腿，可向敵胸部靠擊。背還能起到拿的作用，敵以橫掌按我背脊，我背部掤勁不丟，確定角度，突然轉體，可致其腕背受傷。

五、腰、腹

1.腰脊的構造：

腰脊由5個椎骨上下連接，形成腰椎。腰的第一椎骨和上面第十二胸椎相連接，第五椎骨和下面第一荐骨相連接，有堅固的韌帶和內外肌肉固定。腰椎和胸椎不同，胸椎左右有胸肋連接。腰椎又不同於荐椎，荐椎坐落在骨盆中間，不能單獨活動。而腰椎上連胸椎，下接荐椎，旁無依賴，承受著上體負荷，它是全身力量的源頭。由於腰椎在構造上的特殊性，技擊中，要根據其生理規律，科學地、合理地運用腰力，以防勞損。

2.腰椎的活動範圍：

腰的活動度較大，上身向前下俯，兩手著地，一般彎腰能達160度～170度，左右側彎50度～60度，後仰彎曲較小，約20度～30度，還能順逆旋轉。

3.腰部拳理要求：

腰是全身承上啟下的關鍵部位，它對全身的虛實變化，進退轉換，各個部位蓄勢發勁等，起著「發動機」的作用。

練拳中，腰要鬆沈、豎直，不偏不倚，使下肢穩固有力，內勁轉換靈活，上肢旋繞穩重不飄浮上身不搖晃；腰部不正，中軸已彎，動作就無定向，上身產生搖晃，就出現飄浮、歪斜、俯仰之病。

腰要隨胯轉動，不要脫離胯單獨擰轉。如果腰離開胯單獨活動，那就會影響腰功能的發揮，「轉腰」之詞，其

實是轉腰胯。

4.腰部在技擊應用上的作用：

「腰為主宰」，這就說明了腰在走架及推手、技擊中，有極其重要的地位。太極拳前輩說：「掌、腕、肘和肩、背、腰、胯、膝、腳，上下九節勁，節節腰中發。」太極拳的八勁和八法的施用，均要依靠腰胯勁的適當配合，才能出勁有效。挒勁，靠腰的旋轉，才可化開對方來力，借力挒出；掤勁，手臂前掤，靠腰做後盾；擠、按勁，兩手往前的前攻勢，靠腰椎二、三節後弓，即命門後撐，加強爆發力，使擠、按勁發之有效；採、挒、肘、靠的四隅勁，皆要以腰勁作為底基，才不致成為浮在上面的手臂勁，而是一動無有不動的整體勁。

在發揮腰的作用中，要注意腰力的適當運用。因為腰椎的骨骼構造由五個椎骨上下連接，它不是球盂關節，而是淺半平面連接，屬於微動關節。在練拳、特別是在技擊上，不能盲目亂動，嚴防椎骨之間的移位，腰椎受損就四肢無力。

5.腹部的構造：

胸腔之下，骨盆之內，都是腹部的部位。骨盆內叫小腹，腹部的後面是腰椎和荐椎，外有肌肉扶圍、內納大小腸、膀胱及生殖系統。中醫理論有上、中、下三焦，腹部位置在中焦和下焦。在練拳中，打通三焦之氣，對保健有很大好處。

6.腹部的活動範圍：

腹部受肌肉和呼吸肌（就是呼肌、吸肌兩部分肌肉）的牽動，可收可張。在意念的導引下，還會左右順逆旋動（收張較大，旋功較小）。

7.腹部的拳理要求：

腹要鬆靜，受納下沈之氣貫入於丹田（丹田位置在任脈的氣海和關元穴之間）。沈氣不可硬壓，要沈中有鬆靜，前輩有「腹內鬆靜氣騰然」之說。腹不鬆靜，氣就不能騰然，所以說鬆靜是腹部的關鍵。

8.腹部在技擊應用上的作用：

腹部雖然沒有骨骼，是軟性部位，視若軟弱無能，其實它在技擊應用上亦能起到作用。過招時，氣沈丹田，能穩住下部；化勁蓄勢時，小腹收斂，能利於腰胯勁的轉換。對方用掌按我腹部，根據掌的方向角度我肚皮一凹，配合轉腰，可封其手腕；與對方正面近身時，我肚皮粘貼其腹，氣向下貫，小腹突然一凸，像打足氣的皮球，可將對方靠向後倒（腹靠），發揮腹部的功能。

六、荐椎、臀部

1.荐椎的構造：

荐椎（亦可叫骶骨）是錐形的骨骼，上大、下小，由五個椎骨組成，上端和第五個椎骨連接，下端和尾骨相連，坐落在骨盆中間，由肌肉韌帶連接，形成下身的臀部。

2.荐椎的活動範圍：

荐椎的組成，沒有關節，只有骨縫，它不能節節彎屈，只有依賴臀的活動，隨之而動。

3.荐椎、臀部的拳理要求：

練拳中荐椎要直豎，並與腰椎上下垂直，使腰椎下沈有力。如荐椎歪斜，必然會影響腰軸的端正，而且臀部也會左右扭動。荐椎是腰軸的座盤，座盤正，上面就直。荐椎與臀部均內斂，不要外凸。

4.荐椎、臀部在技擊應用上的作用：

荐椎下兩側的臀部，有發達的肌肉，是平衡全身的底座，在技擊中能穩定重心，應付身後之敵。可坐壓對方膝部，橫靠對方的胯部，配合手法，荐椎向後一翹，可挑起對方全身，向己身前翻出。

七、尾椎

1.尾椎的構造：

尾椎由四個椎骨組成，上和荐椎相連接，下入臀部中間。

2.尾椎的活動範圍：

尾骨自動範圍較小。

3.尾椎的拳理要求：

拳論中的尾閭中正，指的是尾椎不可歪斜，要上與人體整個椎柱對準，成一條直線，前與任脈中線對住。尾椎在練拳轉變方向中，猶似航行中的「舵手」，能把準前面的方向。

4.尾椎在技擊上的作用：

能在攻防轉變時，起導向作用。

第二章　太極長拳的功架風格

第一節　獨具一格

1.「長拳」的風格

　　楊式太極長拳，是從陳式太極拳演變而來，它既是以楊式85式太極拳動作為基礎，又含陳式太極拳的某種形跡。在勁路運用方面，有楊式的抽絲勁，也附有陳氏的旋絲勁。走的是楊式架子，發的含有陳式的彈抖勁。發勁方法又與外家拳有所區別。外家拳發出即停，「長拳」一發即鬆接轉折疊；85式拳光走暗勁，「長拳」的部分動作顯有明勁；85式走架綿綿不斷，「長拳」在相連不斷中有「快慢相間」；85式身軀始終保持直豎，「長拳」有幾個招式允許斜中求直、側身發勁（如泰山升氣、斜飛式等）。「長拳」走架幅度較大，四方運行，動作似大江之水滔滔不絕，起伏有序，方位轉換頻繁，轉身角度有的動作達270度。動作大開大合，舒展大方，陰陽虛實開合分明。以意行氣，以氣催動，意與氣合，氣與力合，心引內動，含有詩情，氣催外運，帶有畫意。手在空間旋轉，顯出八勁分明，腳踏地面運行，明確進退顧盼中定。全神貫注，全身鬆靜，運氣得法，架勢正確，發勁沈穩。

　　一套拳練完，確實感到情意濃濃，妙趣橫生，裡面有情有景，外面氣象萬千，富有詩情畫意。「長拳」名為129式，其實連重複動作有150餘式，是所有拳術中動作最多

的套路，129式太極長拳，可稱為獨具一格。

2. 保持楊式太極拳「十要」

129式長拳，是一代宗師楊澄甫先生所編排，拳架在有些方面略含陳式太極之形，其要領與85式基本相同，尚需加一個「快慢相間，剛柔相濟」。

「長拳」有不少快打發勁動作，可是在快打發勁中不容斷絕，能保持「相連不斷」這個特點。它不同於外家拳的發勁：一勁發出，稍候再動，有斷有續。「長拳」發勁全身鬆靜，以意貫勁，不用拙力，發勁打出，面容自若，神態泰然，特點是「用意不用力」。用意者沉、柔、快；用力者浮、硬、滯。

3. 發勁的風格

「君主下令，百骸聽命」。意向何處，意念一轉，腰突然一抖，勁瞬間發出，根據動作到位的方向要求，全身上下和四肢各個部位都同時起動，又同時到位。比如：野馬分鬃動作，右腳上步，腳跟著地後，左腳跟一蹬，腰突然向右一抖（轉腰度不超過30度），右胯根一收，採、挒、靠三勁同時發出，同時到位，一到即鬆，神色鎮靜，配氣順遂，頂勁上領，含胸拔背，沉肩墜肘，上下合住。功夫深者，右臂挒出聞有風聲，左掌下採見彈性。把住要領，嚴守規矩，不失楊式太極拳「動中求靜」的風格特點。

4. 練拳要明規矩

長拳在走架風格上與85式太極雖有所區別，但它畢竟是楊式太極長拳，而不是別的長拳，所以在練習中要保持楊式的要領，要守牢這個規矩。85式太極拳走架綿綿不斷，不露明勁；而「長拳」快慢相間，剛柔相濟，顯出明勁，似乎已脫離了楊式太極拳的規矩。可是「長拳」發勁不

用拙力，全身鬆沉，快打發勁，神態自若，心意鎮靜，這就符合楊式「用意不用力」、「動中求靜」的規矩，能做到脫規矩而合規矩。

5. 既不用力，何以發勁？

不用力，要發勁，初聽確有些難理解，一點不用力怎能打拳？這裡「不用力」指的是：用意貫勁，全身鬆放，關節鬆開，稍微用些力氣，靠腰勁一抖，瞬間發出，出勁速度如流星趕月，出勁沉著有力，能比用大力氣發出勁更快、更脆、更有彈性和韌性，富有柔中寓剛的風格。

6. 動作快打，怎能求靜？

「動中求靜」是一個要領兩個方面。動是指外形，靜是指心意。外形的動作不論快還是慢，內心始終保持鎮靜，毫不慌張，才能使走架有「勝似閒庭信步」的精神風采。如果動作打快卻動心慌亂，那就不合楊式太極拳正宗的風格。

7. 既是快慢相間，何能「相連不斷」？

由慢動作到快動作，它不做任何要求發勁的姿勢準備，齊進齊發。好比機械繪畫，由弧線轉向直線，從中出現一段切線一樣，轉彎不見傾角。由快轉慢的動作，掌或拳發勁打出，立即鬆開、接走折疊、弧形回旋，不見斷續。比如：一個書法家在寫草書時，運筆速度很快，到某轉折時，筆突然放慢，而字中看不出由快到慢的痕跡，見到的就是書寫流暢，入木三分、剛健有力的書法藝術。

8. 既要鬆柔又要剛健，怎樣習練？

那就要回到「用意不用力」這個話題中來。太極拳的練勁方法與練硬功不同，練硬功是手臂撞樹、手掌劈磚、頭頂開磚、胸部壓石，一副硬功；而太極拳練功不要如此

辛苦，只要肌肉放鬆，各大關節節節鬆開，全身上下鬆沉，內氣團聚，內勁貫足，沉氣和順即可。

當然，要做到這些，不比手掌開磚簡單，主要是平時多練放鬆功，排除僵硬，摒棄拙力，用意念貫注各部位的活動，經常做做單練動作，自我檢查各部位是否鬆開。一旦能全身鬆開，就可打出似柔非柔、似剛非剛、柔中寓剛、剛中見柔的風格來。

第二節　太極長拳發勁的要求

1. 不可用慣性發勁

任何發勁的動作，都不要採用慣性打出，一定要腳踏實地，轉腰發勁。比如：要打一個「通背捶」發勁動作，架勢是：左弓步，右腳後蹬，左掌上托，右拳向前打出。要先出左腳，跟部著地，快速向左轉腰，帶動左掌上翻，右拳前打，使動作沉著有力、穩重。如果左腳、左掌、右拳同時出去，這樣慣性打法，會使重心不穩，漂浮無力，動作不穩重，並會產生跳躍現象，不符合太極拳規格。不論扇通臂、野馬分鬃、雙叉掌、進步雙捶、搬攔捶等等，凡是發勁快打的動作，均不採用上肢、下肢和腰同時出去的打法，要先出前腳著地支撐後，再抖腰，帶動上肢發勁打出，出去的勁乾脆俐落，定勢沉穩。

2. 發勁要動短勁長

每個發勁動作，在發出之前不可拉長運行的線路，以腰帶手，腰為主宰。腰的旋轉不超過45度，掌（拳）後拉不過隙，後腿不做下蹲姿勢，腰勁突然抖出，襠勁變換，全線出發。如此發出的勁，可謂動短勁長、氣足力猛。發勁的原則是：其根在腳、發於腿，腰為主宰、形於手，要

注意力從脊發，不致成為浮在上面的手臂勁。

震腳：後腳提起不宜過高，離地面要近，腳下震時出聲要脆，上身不可出現一拔一蹲的形狀，也不要把下震一邊的肩膀偏低，這主要靠下震腳的腿彎屈度來調節上身的平衡。震腳要輕靈活潑，不犯笨重。

3. 發勁需曲中求直

「蓄勁如開弓，發勁似放箭」。太極長拳的快動作，在未打發之前，臂弓、腿弓、身弓，這五弓要弓弓曲蓄、放鬆、全身上下肌肉鬆開，無有牽制勁力外發的部位。意念下令，腰弓一張，力由脊發，四弓俱放，勁似離弘之箭向外直射、曲中求直、曲而後發，全身對拉拔長，呼氣催勁。氣和力合，出勁鬆沉有力，轉注一方，顯有「無堅不摧」的精神狀態。只要全身放鬆，心平氣和，意念貫勁，一套拳打完決不會氣喘，而是輕鬆的感覺。

4. 發勁要注意方向角度

動作要明「十三勢」的概念，弄清勁別，不可正隅不分，含糊盲練。以攬雀尾的掤勢、野馬分鬃的挒勢為例：野馬分鬃的右臂順旋，用離心力發出，手臂越過大腿，勁點在手臂橈側，掌心斜向上，方向在右腿外側，屬於隅勁；攬雀尾掤勁，由裡向前掤出，手臂在胸前，掌心向內，勁點在前臂外側的尺橈部，勁路向前（略右轉），屬於四正勁。練拳要分清正隅。

第三節　太極長拳動作的整體要求

整體要求：是全身起、承、轉、合的組合運動，來表示出各個部位的活動，在整體動作中，能達到協調、順和及完整性。

自頭部至臀部、上下肢、胸、腹、背、腰各個部位的要求，均在第一章中分節作簡要解剖分析。本節對各個部位不再作細述。

1. 身軀在整體活動中的要求

「長拳」的身型、身法，基本上與85式太極拳相同，要領是：虛靈頂勁、含胸拔背、沉肩垂肘、尾閭中正、舒展大方。在動作轉變中，身法的定型還得加以說明。太極長拳也和太極拳一樣，運行有八個方位，即東、南、西、北、東南、東北、西南、西北；還有八個勁別：掤、捋、擠、按、採、挒、肘、靠。這八個勁別有四正勁和四隅勁，再去給合上面的八個方位。所以身法定型，要根據勁別不同而有不同的定型。

如何使兩者結合，從身法定型上區別四正、四隅，下面就以攬雀尾的掤勁，與野馬分鬃的挒勁為例加以分析。掤、挒二勁，同樣是右弓步，掤勁屬於四正勁，挒勁屬於四隅勁。掤勁，右臂前掤、置於胸前，掌心向內，左手護後，勁點在右臂外側尺橈部，勁路向前，身體朝正前方，此乃畢躬畢敬的四正身法定型；挒勁，右臂向右挒出，掌心斜向上，勁點在右臂橈側，掌置於右膝蓋外上方，勁路向右外。此乃勁別之分。身法定型，身體與正前方向左側約20度。這是身法上正隅之別。

2. 腿法上的正隅之分

例如擠勁與野馬分鬃的挒勁，同樣右弓步，可是弓步形成方法不一樣。擠勁是由捋勁承接擠勁，在捋至終點時，左胯內收，腰右轉，將身體位置調正向正前方，兩臂做好擠勢動作，向前直線擠出。掌在胸前方，勁點在掌背，此屬四正勁。在重心上移時，左膝蓋要離開左腳尖方向，

內扣10度～15度，左踝關節鬆開，外踝後側著力後蹬，重心前推，左腳掌、跟，就有螺旋向下、植地生根的感覺，這是四正勁腿法的運用。野馬分鬃的弓步形成，膝蓋不用內扣，隨著重心上移、右胯根蜷收，形成弓步，左腳著力點在外踝外側跟部，這是四隅勁腿法。這些腿法上區別在外形上是不易看出來的。下面的腿法，配合中間的身法，再結合上面的手法，形成一個完整的野馬分鬃的捯勁姿勢（膝、踝關節活動，具體可參看第一章第二節）。

3. 上肢如何配合整體運動？

上肢以手為代表。兩手不斷運轉、肩、肘、腕三個關節，節節鬆開，手臂鬆柔圓活、自由活潑、如風吹柳條。在練拳中，兩手的活動範圍，尚需用意來控制，免其犯規。兩手運轉原則是：左手管牢左半身，右手管牢右半身，以腕上內關穴為界，不超過鼻尖至「中極」由上至下的這條中線（中極在臍下四寸）。手（拳）向後運轉，手不超出腰隙，手腕上「內關」超過中線，腋下挾癟，手向後超過腰隙，肱二頭肌腱牽拉鬆弛。所以兩臂旋腕轉膀，必須控制這兩個界限（上肢每個部位具體要求，可參看第一章第一節）。

走架時，掌向外運轉，要以手領腕，以腕領肘，以肘領肩；兩手由外向裡運轉時，要以肩帶肘，以肘帶腕，以腕帶手，外運內帶，肩關節均不要貫力，才可使手臂靈活，氣貫至掌指。

4. 下肢如何配合整體運動？

不論是虛步後坐還是弓步向前，都要由大腿的股四頭肌吃力（大腿上側），臀部之勁貫到腿跟，向前弓出，膝蓋接近腳尖垂直，屈膝80度，股四頭肌有酸脹感覺，這樣

才能配合好身型姿勢，也是練習太極拳腿功的關鍵所在。虛步後坐，如果將重心向前移，把右腳跟的力移至腳掌，那時股四頭肌就輕鬆，這就叫做腿法不正確。

上身保持平衡，不使起伏（除動作允許高低之外），關鍵在於膝關節屈而不直，提腳出步要經過支撐腿內側，再弧形向前邁出，大拇趾領正方向，前弓步、後蹬腳，腳尖保持45度斜角，切忌90度（具體參看第一章第二節）。前後兩腳的橫向距離與肩同寬，胯、膝、踝等關節要配合上肢的勁別，來實現動作的定型（參照本節第二點腿法上的正隅之分）。

第四節　腹式深呼吸運動

腹式深呼吸有兩種：一種叫腹式順呼吸，一種叫腹式逆呼吸。順呼吸，吸氣時胸部內含，小腹隆起，呼氣時胸部擴張，小腹收斂；逆呼吸，吸氣胸部擴張，小腹收斂，呼氣時，胸部內含，小腹隆起。為了配合太極拳動作的虛實，用腹式逆呼吸為佳。

結合腹式逆呼吸，是練好太極長拳的重要組成部分，它含有增強動作氣勢、有利技擊實用和健身強體的三方面意義。

1. 增強拳架氣勢

練「長拳」，不配合深呼吸、架子拉得再正，胸部總覺得硬巴巴，腰背部直板板的，身形不靈活，如略有動度，無非是前俯、後仰，反而成為「俯仰病」。惟有逐步結合腹式逆呼吸，才使胸腹、腰背練活，身形出現聲色。動作由實變虛時，吸氣、小腹收斂、胸腔擴大、胸肋開張；動作由虛變實時，呼氣、小腹外突、胸部內含、胸肋下移

、兩肩向前蜷合，身形出現滾滾翻動，肌肉層層折疊，有一種渾圓、濃厚之感，這是練好「長拳」身法上的精華。這種身形上的翻動，不是靠故意做作而來，而是經過身內的呼肌、吸肌的縮張，牽動橫膈上升下降，空氣的吐納，由內及外地帶動出來的，是適當地運用腹式逆呼吸而產生出來的自然生理現象。

2. 技擊實用

人體的構造，自肩至臀部，以腰椎第三節為界，是上重下輕。在技擊應用上，需要上輕下重、穩定下盤，通過腹式逆呼吸，可以調節、改變上重下輕的自然生理現象，促進下盤穩固。比如攬雀尾的按勢，由擠勢結束兩手帶回時，吸氣、虛勢、橫膈上升、小腹收斂、胸腔橫徑增大、胸肋外張，氣在胸部。按勢出去時，呼氣、實勢，橫膈下降、氣沉丹田、小腹外突、胸部內含、胸腔直徑加深、肋骨下移、背闊肌、胸大肌等肌肉下沉，兩肩下墜前蜷、命門後撐、大椎提起，使身形似弓形的「橋樑」，加強了底盤的力量，使前按之掌有了強有力的後盾，發勁按出就會相當得力。

3. 保健作用

呼吸是生命之本，呼吸停止生命就結束。成人平時呼吸，一般每分鐘16～18次，每次通過肺裡的空氣交換量為500毫升。吸入大自然的空氣，含氧量為21％，二氧化碳成分為0.03％；呼出的空氣，含氧量為16.5％，二氧化碳為4.5％。

根據每分鐘呼吸16～18次，就可計算出肺的空氣交換量每分鐘為8000～9000毫升，同時也能算出氧氣及二氧化碳在肺裡交換的數量。在計算肺的交換量時要記住：在呼

吸無效空間裡，總會遺留150毫升空氣。所謂無效空間，指的是鼻、咽、喉、氣管和支氣管。從肺裡流到外面的這150毫升空氣，它比大氣中二氧化碳多、氧氣少。每次吸入空氣量500毫升，就包含這150毫升，比大氣成分惡劣的空氣先進肺裡。這就說明，實際上吸入肺裡的新鮮空氣達不到500毫升。為了明確在練拳中配合深呼吸的優越性，作者不得不將上述的常識敘述一遍。

肺活量的值是身體健康與否的主要指標之一，深呼吸能夠使肺活量加大。

根據著名人體解剖生理學家馬爾柯夫關於換氣量的數據：深呼吸成人的肺活量「大約在2000～6000毫升之間，有時還要超過6000毫升」。

根據這個數據，再分析一下呼吸的頻率。安靜呼吸每分鐘16～18次，深呼吸因呼與吸的時間拉長，其頻率必然減少，以每分鐘18次減少到9次計算，只在吸氣拉深，每次大氣吸入肺裡空氣總在2000毫升以上，並還可減少留在無效空間的150毫升的空氣進入肺裡。

這樣空氣在肺裡的交換量可成倍增加。以每分鐘呼吸次數和吸氣量的乘積，就能計算出這一數字。這就有效地增加了體內有益物質（氧氣），補充了血液的需要，促進新陳代謝，增強機體免疫力，並加強體內抗病能力，對健身強體作用就可想而知。

附肺的變位模式圖（圖1）。

4. 按摩作用

人體的背部，自第一胸椎至第十二胸椎兩側，自動的活動範圍極少，惟有通過練拳，配合腹式深呼吸，才能獲得良好的自我按摩，才能使整個椎柱、肌肉、胸腹內臟全

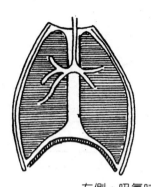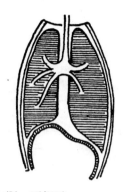

左側：吸氣時　右側：呼氣時

圖1　呼吸時胸腔和膈的變位模式圖

部得到鍛鍊。

　　為了弄清楚怎樣得到按摩，還得重複本節第二點「技擊應用」中的某些句子。吸氣時，小腹內收、橫膈膜上升，帶動了體內臟腑上移，胸肋外張，背部肌肉群有繃緊之感，胸椎略有下移；呼氣時，小腹隆起、橫膈膜下降，推動體內臟腑下移、胸肋下沈、大椎上拔、胸背部各大肌肉群下沈，身軀對拉拔長，使胸、背、腹、腰均受到有效的按摩。

　　從中醫經絡學角度來分析，人體胸、背部，有100多個穴位，背部中線離開一寸半兩側，是十二臟腑的重要穴位背腧穴所在之處，又是人體氣血的總匯。練拳中結合深呼吸，牽動椎柱上拔下移、肌肉下沈上繃的對拉運動，使背部的要穴受到柔和的按摩，對健體、治病極為有益。這種鍛鍊方法，既繼承古老傳統的優秀練法，又符合現代體育科學的人體生理運動規律（圖2）。

5. 對深呼吸運動的要求

　　深呼吸，是吸進慢、呼出快，就是同樣的氣量，吸進的時間長，呼出的時間短。因為，吸進之氣是由肺來容納

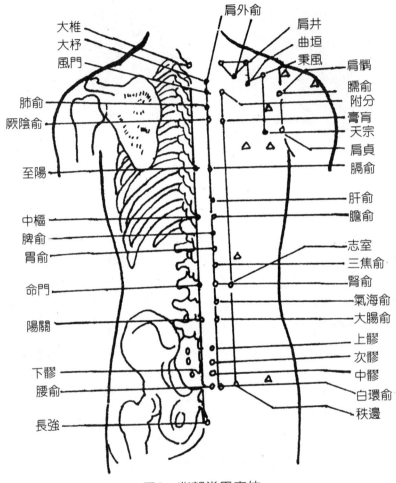

圖2　背部常用穴位

　　的，而肺有自己的運動規律，它不能突然擴張，只有隨著空氣進入徐徐地擴大容積，增大空氣的容量，所以吸進要比呼出慢，這是自然現象，無需強求均勻。

　　　對深呼吸要求是：要細、要長、要勻、要深，不要粗

聲粗氣，吸氣不要用力硬壓，要任其自然（硬壓會產生胸悶）。呼吸採用調息法，鼻吸鼻呼，雖然是吸慢呼快，但呼氣還得要細、長、勻，不可一吐而出，與動作失調。動作要快慢相間、剛柔相濟，往復有折疊，呼吸也有折疊，並要帶動肌肉有折疊。深呼吸練到一定階段腹內會咕咕嚕嚕發聲，這是腹內鬆靜騰氣的好現象，無需起疑。

6. 一動無有不動

一般的見解是，只要腰一動，就帶動了四肢運轉的外形之動，這樣的理解是不夠全面的。

其實質，「一動無有不動」，指的是全身上下、內外都要讓它們動起來。怎樣動法呢？

主要靠腹式逆呼吸來帶動，意念一動，體內的呼肌、吸肌接受了意念的支配，進行縮、張活動，胸腔橫膈膜上升下降，鼻孔把空氣吸入呼出，體內十二臟腑上移下降，胸肋上下移動，胸部一含一張，腹部一凹一凸，椎柱立弧滾動（微小動度），四肢繞纏運行，全身上下、內外206塊骨頭，不同程度地全面活動，始而意動，繼而內動，然後外動，意、氣、形三者融貫，來達到一動無有不動的細緻練法。此乃是練拳中的精華之處。

第五節 練太極長拳是科學的積極性休息

人的身體健康，依賴於人體內各對神經、臟器、氣血，以及各種功能的平衡來保證，如果平衡失調、陰陽失和，就可能引起不同程度的疾病發生。

人在繁忙事務中，思慮不息，就會有頭暈腦脹、精神恍惚、胃口不開、飲食無味、辦事無所適從的感覺，這是由於大腦皮層的中樞神經、各臟器的交感神經長時間地處

於興奮狀態，得不到抑制，耗氣量過大，平衡失調，導致神經疲勞、陽盛陰衰之故。

練太極長拳（太極拳），就能解除這一現象。

練拳一開始，就要求把大腦皮層的中樞神經鬆靜下來，兩腳自然站立、靜默，呈無極站樁，大腦一物無容，平心和氣，無視無聞，那時大腦皮層中樞神經、各臟器的交感神經均得到抑制，而副交感神經引起興奮，稱之為「無極」。無生太極，分陰陽、動靜。太極起勢，以意引動，轉身提掌，緩緩運行，動勢為陽。這時大腦中樞神經、各臟器的交感神經逐漸興奮，而副交感神經逐漸抑制，動作到位，陽盡陰生，兩手徐徐帶回，大腦中樞神經、交感神經逐漸受到抑制，副交感神經漸漸興奮。依此循環往復地練習，使大腦皮層的中樞神經、各臟器的交感神經、副交感神經的興奮與抑制的平衡失調得以良好的恢復，促進血液循環，提高身體素質，增強了抗病能力。

根據中醫學說，體內平衡失調，是致病的重要原因。太極長拳能調節陰陽平衡、暢通氣血、舒經活絡、吐故納新，它有極高保健價值和實用價值。在練習時，結合好呼吸，呼氣為陽，吸氣為陰，由無極生太極，分陰陽、動靜，動勢為陽，興奮、呼氣；靜勢為陰，抑制、吸氣。

認真地練習一套太極長拳，不但無疲勞感，反而使頭腦清醒，精神舒暢，全身輕鬆，勝似臥床休息。

在走架時，雖然意念指揮，大腦中樞神經有所興奮，但它的興奮是集中在很小範圍內，氧氣消耗極小，好比10安培的電表，通過小變壓器，插上一只3伏小燈泡，在某一點上很亮，可是10安培的電表未見轉動，等於沒有耗電的情況相似。

第 三 章
楊式秘傳 129 式
太極長拳拳譜

預備式

1.起勢

3.動步攬雀尾

5.右摟膝拗步

7.左換步摟膝

9.右換步摟膝

11.進步搬攔捶

13.簸箕式

15.十字手

17.右肘底捶

19.左抱虎歸山

21.通背捶

23.左右摟膝打捶

25.盤肘指襠捶

27.動步攬雀尾

29.玉女穿梭

2.太極旋轉

4.雲手

6.右手揮琵琶

8.左手揮琵琶

10.右手揮琵琶

12.如封似閉

14.雙托掌

16.右抱虎歸山

18.通背捶

20.左肘底捶

22.猴兒頂雲

24.轉身右蹬腳

26.野馬分鬃

28.單鞭

30.上步攬雀尾（南）

31.轉身野馬分鬃　　　32.單鞭下勢

33.金雞獨立　　　　　34.泰山升氣

35.斜飛式　　　　　　36.提手上勢

37.白鶴亮翅　　　　　38.摟膝拗步

39.海底珍珠　　　　　40.扇通臂

41.撇身捶　　　　　　42.進步搬攔捶

43.動步攬雀尾　　　　44.單鞭

45.雲手　　　　　　　46.單鞭

47.高探馬　　　　　　48.右分腳

49.左分腳　　　　　　50.轉身左蹬腳

51.摟膝拗步　　　　　52.上步栽捶

53.雙叉手　　　　　　54.轉身二踢腳

55.左披身打虎　　　　56.右披身打虎

57.左蹬腳（南）　　　58.雙峰貫耳（東北）

59.右蹬腳（南）　　　60.轉身左蹬腳

61.進步雙捶　　　　　62.退步摟膝（南北西東）

63.掤拳撩打（東南）　64.墊步按

65.掤拳撩打（西北）　66.墊步按

67.掤拳撩打（西南）　68.墊步按

69.掤拳撩打（東北）　70.墊步按

71.雙撩中心掌（正東）　72.竄步掌

73.猴兒頂雲　　　　　74.轉身反單鞭

75.反雲手　　　　　　76.單鞭下勢

77.金雞獨立　　　　　78.泰山升氣

79.斜飛式　　　　　　80.提手上勢

81.白鶴亮翅　　　　　82.摟膝拗步

83.海底針　　　　　　84.扇通臂

85.撇身捶　　　　　　86.進步搬攔捶

87.如封似閉　　　　　88.簸箕式

89.雙托掌　　　　　　90.十字手

91.抱虎歸山　　　　　92.反單鞭

93.順式採挒　　　　　94.壯牛飲水

95.劈面肘靠　　　　　96.野馬分鬃

97.進步肩靠　　　　　98.玉女穿梭

99.順式採挒　　　　　100.投石入水

101.劈面肘靠　　　　　102.野馬分鬃

103.進步肩靠　　　　　104.玉女穿梭

105.左右風輪　　　　　106.動步攬雀尾

107.單鞭（反）　　　　108.雲手

109.單鞭　　　　　　　110.高探馬

111.三步穿掌　　　　　112.單擺蓮

113.前後打捶　　　　　114.手揮琵琶

115.射雁式　　　　　　116.進步搬攔捶

117.如封似閉　　　　　118.三步二按

119.單鞭下勢　　　　　120.上步七星腳

121.退步跨虎腳　　　　122.轉身擺蓮

123.彎弓射虎　　　　124.上步搬攔捶

125.如封似閉　　　　126.簸箕式

127.雙托掌　　　　　128.十字手

129.合太極

快拳運轉圖

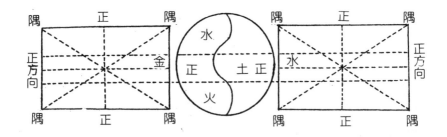

第 四 章
楊澄甫秘傳
129 式太極長拳套路圖解

預備式

面朝南，身體自然站
立，併步。兩臂自然下垂，
兩手放於大腿外側。頂勁上
領，下頜微收，沈肩平胸，
神態自若。目平視前方（圖
1）。

一、起勢

【動作】

1. 左腳向左開步，與
肩同寬，兩手緩緩上舉，上
舉時兩掌橫向距離先窄後寬

圖 1

，高與肩平，掌心朝下，指尖向前。目平視前方（圖2）。

2. 沈肩墜肘，兩掌下按至胸前，兩腿屈膝下蹲；兩掌
繼續下按至腹前，屈肘坐腕，掌心朝下，指尖向前。目平
視前方（圖3）。

【用法】

1. 對方從正面用兩掌推我兩肩，我兩手從彼內圈進入

圖2　　　　　　　　圖3

，按搭其兩臂，以肘部化其兩手，使其無可著力。

　　2.速屈膝沈腰，掌根著力，先帶後放，立圈按出，逼其後倒。

　　【要領】

　　1.兩手由下往上舉，要以食指領勁。兩臂不要平上平下，橫向距離先窄後寬，隨腰下沈需坐腕，以掌根為勁點，有向下、轉上外按之意。

　　2.配合呼吸，身形出立圈。兩腿屈膝下蹲，盡量接近水平。

　　二、太極旋轉

　　【動作】

　　1.承上勢。兩掌下按至兩胯前，腰向左轉45度，右掌由下而上，經胸前弧形抹出，臂呈弧形，掌心朝下，指尖

圖 4　　　　　　　　　　　　圖 5

向左，高與肩平，距胸約50公分；左臂外旋，掌心朝上，指尖向右，置於小腹前（圖4）。

2.腰向右轉90度，右掌指尖轉向前，掌心朝下，隨腰轉收至胸前，掌心朝前，指尖向上；左臂內旋，掌心翻下，由下而上弧形向前抹出，臂成弧形，掌心朝下，指尖向右，高與肩平，距胸約50公分。目光隨掌轉視（圖5）。

3.向左轉腰90度，左掌指尖轉向前，收至胸前，掌心朝前，指尖向上；右臂外旋，右掌心翻上，轉內弧形向前抹出，臂呈弧形，掌心朝下，指尖向左，高與肩平，距胸約50公分。目視右掌前方（圖6）。

4.向右轉腰90度，右掌指尖轉向前，掌心朝下，收至胸前，掌心朝前，指尖向上；左臂外旋，左掌心轉內，指尖向右，弧形向前抹出，臂呈弧形，掌心朝下，指尖向右

圖 6　　　　　　　　　　　　圖 7

，高與肩平。目視左掌前方（圖 7）。

【用法】

對方右掌以沈勁擊我胸腹部，我即隨來勢向左轉腰，同時左掌內旋，將其前臂挪出，右掌以腕部尺側向對方左胸捌去，使對方失去平衡。

【要領】

1.左右轉腰不要超過90度，胯根需內收，上身要正直，臀部不可外突。

2.兩掌旋轉，掌心要對住，圈宜轉圓；目隨兩掌運轉而視。

3.運氣順遂，全身放鬆。

4.太極旋轉共二圈半，右掌轉出在前，收回，再挪出至原位置，是為一圈。上述動作為一圈半，可接做攬雀尾

圖 8　　　　　　　　　圖 9

，下面一圈不作重述。

三、動步攬雀尾

【動作】

1.**右掤：**承上勢，重心移至左腳，右腳外撇90度；同時左掌上提，略高於肩，掌心朝下，指尖向右；右掌抄至小腹前，掌心斜朝上，指尖向左（圖8）。

向右轉腰，重心移至右腳，左腳提起經右腳內踝；同時，右臂內旋，右掌向右弧形上掤，掌心朝左，指尖向前，高與肩平；平掌自下按至左胯外側，面朝正西。目視右掌外方（圖9）。

2.**左掤：**腰略右轉，右腿下蹲，同時，左臂外旋，左掌抄至右掌下面，掌心朝上，指尖向右，高與腹同；右臂內旋，掌心朝下，指尖斜向左（圖10）。

圖 10   圖 11

　　左腿至右腳內踝向左後弧形側形出步，成左側弓步。
左掌內旋，由下而上弧形向左上掤，掌心朝右，指尖向前
，高與肩平；右掌自上而下按於右胯外側，掌心朝下，指
尖向前，面朝正西。目視前方（圖11）。

　　3.動步掤：向左轉腰，重心移至右腳，左腳尖翹起，
外撇45度；同時，左臂內旋，左掌掌心朝下，指尖斜向右
，置於左胸前；右臂外旋，右掌弧形抹至左小腹前，掌心
朝上，指尖向左（圖12）。

　　重心移至左腳，右腿提起，經左腳內踝向右前方邁步
，成右弓步；同時，右臂內旋，掌心朝上偏裡，弧形向前
掤出，掌心朝裡，指尖向左，腕與肩平；左掌由上下沈，
置於右掌之後，掌心朝前，指尖斜向上，兩掌前後距離25
公分。面朝正西，目視右掌前方（圖13）。

圖 12　　　　　　　　　圖 13

圖 14　　　　　　　　　圖 15

4.**跟步挒**：重心略上移，左腳跟半步，先腳掌著地，落於右腳內踝後（圖14）；同時，右臂內旋，掌心翻下，指尖向前；左掌外旋，掌心朝上，指尖向前；向左轉腰45度，重心移至左腳，成右虛步，兩掌隨腰左轉，弧形下挒至腹前。面朝西南，目視右掌（圖15）。

5.**上步擠**：腰略左轉，再向右轉，右腳提起，向右前邁步，成右弓步；腰右轉，右臂外旋，掌心朝裡，指尖向左，向前擠出，高與肩平；左掌內旋，掌心朝前，指尖斜向上，附於右掌內側。面朝正西，目平視擠出方向（圖16）。

6.**動步按**：重心略上移，右掌掌心翻下，左掌從右掌背抹出。左腳跟半步，先腳跟著地，向左轉腰，重心移至左腳，左腳全腳踏實，成右虛步。兩掌隨左腰轉弧形下按

圖 16　　　　　　　　圖 17

至兩胯前，掌心朝下，指尖
向前（圖17）。

　　腰向右轉，右腳提起
，向右前邁步，成右弓步，
同時兩掌隨重心上移向前按
出，掌心皆斜朝前，指尖均
向上，兩臂微屈，腕與肩平
。面朝正西，目視按出前方
（圖18）。

圖 18

　　【用法】
　　對方從右側用拳擊我
，我即向右轉腰，上左手粘
住對方手腕，右臂從對方腋
下進入，內旋，掤其胸肋，
以纏臂上提將其掤出。

　　1.動步掤用法：

　　⑴對方正面用右拳擊我胸部，我即含胸轉腰，避其力
點，右手以前臂橈側，掤粘對方右臂尺側。

　　⑵迅速右轉腰，左掌搭粘對方右臂肘尖，右腳插進其
襠下，搶好位置。

　　⑶鬆開左腳踝關節，膝蓋略內扣，勁落在左腳跟外側
，全神貫注，勁起腳跟，腰攻為主，右臂內旋，以旋轉、
上提之勁，先弧後直將對方掤出。

　　2.動步捋勁用法：

　　捋勁以化打為主。

　　⑴對方用兩手按打我胸或右臂，我即含胸，左手搭其
左腕，右手粘其左肘。

(2)腰左轉，避其力點，左右兩手順其來勁，由前、向左後下方捋出，使對方拔跟撲倒。

3.動步擠勁用法：

(1)對方用左掌按我右肩，我即含胸轉腰，化其來力。

(2)我右臂弧形而上，粘其胸肋，勁轉至掌背，出右腳進其襠下，以沈勁、用合力向對方擠出，逼其後倒。

4.動步按勁用法：

對方用兩掌按我兩臂，或推我胸部，我即含胸收胯轉腰，兩臂順其來力，向左下後帶，左腳跟步，屈膝下蹲，即腰略右轉，兩掌轉入其兩臂之內，粘其胸部，出右腳，站住位置，前腳弓，後腳蹬，以兩掌小魚際為著力點，用力向對方按出。

【要領】

1.走四勁時務與身法、手法連貫，無使有斷續處，上步、跟步要輕靈。向左捋，必須收進左胯，向右捋，收右胯，臀部不可外突，要吸氣化打，身不可前俯。

2.掤勁：由左弧形上掤，轉至中心直線前掤。勁點：先在前臂橈側，繼而轉至尺側。捋勁：由前向左後下捋，如引入深淵。擠勁：兩掌轉至中心，向前上直線擠出。勁點：先在大拇指側，繼而轉至小指側。勁路：直線提上，按勁勁點：先在掌指，繼而轉至掌根。

3.右虛步變右弓步過程中，左膝先略內扣，離開左腳尖約10度，左腳踝關節鬆開，使勁點轉至腳跟外側，達到「勁起於腳跟」的要求。弓步形成後，兩膝皆內扣，襠部撐圓，外合內開，內勁上提。

4.動作合時吸氣，開時呼氣。開至終點，要半氣下沈，半氣外呼；含胸拔背，沈肩墜肘，命門後撐，小腹外突。

四、雲 手

【動作】

1.承上勢。向左轉腰，左腳尖外撇45度，重心移至左腳，右腳尖內扣90度，成左側弓步；左掌外旋，弧形上運至胸前，掌心朝裡，指尖斜向上，與鼻同高；右掌下按至右腹部前，掌心斜朝下，指尖斜向前。面朝正南，目視左手食指前方（圖19）。

2.腰略左轉即向右轉，重心移至右腳，成右側弓步，右臂外旋，右掌弧形上運至胸前，掌心朝裡，指尖斜向左，與鼻同高。左掌弧形下運至左胯外側，掌心斜朝下，指尖斜向外。面朝西南，目視右食指前方（圖20）。

3.腰略右轉即左轉，重心移至左腳，成左側弓步；左臂外旋，左掌弧形上運至胸前，掌心朝裡，指尖斜向右，

圖 19

圖 20

與鼻同高。同時右臂內旋，
右掌弧形下運至右胯外側，
掌心斜朝下，指尖斜向外。
面朝東南，目視左掌食指前
方（圖21）。

圖21

【用法】

1. 對方用右拳擊我胸
部，我即出左手，以前臂外
側粘搭其右腕關節內側，隨
之臂內旋，轉掌下按採其腕
關節；同時，右掌自下而上
，用腕下橈側捌（吊）其肘
關節外側，腰向右轉，將其
向我右後方捌（吊）出。

2. 對方用左拳迎面擊我，我即出右手，以右前臂外側
粘搭其左腕關節內側，隨即內旋，轉掌下按採其腕關節外
側，腰向左轉，左掌自下而上用腕下橈側捌（吊）其肘關
節外側，將其從左後方向捌出。

3. 對方從右側面擊我，我用右前臂將來拳化開；出右
（左）腳，側行步（後弧形），將其左（右）腳套封住，
以右（左）肩將其靠出。

【要領】

1. 左右轉腰不要超過90度，上身不可歪斜，胯關節旋
轉要圓活。

2. 眼隨手走，主要看上手。

五、右摟膝拗步

【動作】

　　1.承上勢。向左轉腰，重心移至右腳，左腳尖外撇90度，左掌隨腰左移，至左肩前以小指側掌根力點，向右打掌；右掌弧形上抄，至右肩前向左打掌（左右打掌動度宜小，一抖即停）；兩掌皆置於胸前，右掌在前，掌心朝左，左掌在後，掌心朝右，指尖皆斜向上（圖22）。

　　2.左腳尖外撇45度，向左轉腰，重心上移至左腳，右腳提起，向右前方邁步，腳跟先著地，成右虛步；同時，右掌弧形下抹，置於左腹前，掌心斜朝裡，指尖斜向左；左掌外旋，掌心朝上，弧形下掤，經左腰側後翻轉，置於左耳側，掌心斜朝下，指尖向前。面朝東北，目視左掌（圖23）。

　　3.腰向右轉，重心上移至右腳，踏實，成右弓步；右

圖 22

圖 23

掌弧形向右膝前摟出，置於
右膝外側，左掌隨重心上移
向前方按出，腕與肩同高，
掌心斜朝前，指尖向上。面
朝正東，目視左掌前方（圖
24）。

圖 24

【用法】

對方用拳擊我右胸部
，我即向左轉身偏其力點，
同時出右手，以前臂尺側向
左下方捌之；如其用腳踢我
右膝，我右掌向右下方摟出
，化開或拿住其腳；同時左
掌按其胸肋，使其向後倒地
。

【要領】

1.右掌摟出置於膝外側，食指要高於小指，腕關節要
鬆柔；左掌按出，要以掌尺側小魚際為勁點，食指要與鼻
尖相對。

2.左（右）腳踝關節要鬆開，腳跟外側與左掌小魚際
成一條直線。

六、右手揮琵琶

【動作】

1.承上勢。重心略上移，左腳提起，跟上半步，落於
右腳內踝後，腳掌著地；同時，左腕略外旋，右掌弧形向
上前提，置於左掌之前，掌心斜朝左，指尖向前（圖25）。

2.向左轉腰，重心後坐，左腳踏實，右腳略向前移，

圖 25　　　　　　　　　　　圖 26

腳跟著地，腳尖上翹，成右虛步。同時，左掌隨腰轉帶至
左胸前，向右合，掌心朝右，指尖向前；右掌向左合，置
於胸前，掌心朝左，指尖斜向上，略低於鼻。方向朝東，
目視右指前方（圖26）。

【用法】

　1.對方用右手欲抓我前按之左手，我左手略下沉轉弧
，以腕下尺橈部橫搠其腕下外側，粘著轉掌，拿其腕下內
側。

　2.同時，跟步轉腰，我右掌按其右臂肘關節，兩力一
合，其肘部不傷則痛，身必後仰。

　3.我右腳尖突然下踩，封住其腳，重心前移，兩掌前
送，對方必後倒。

【要領】

1.左掌後抽，勁點先在手背，後在手掌，繼至手腕；右掌前合，以掌根為勁點，兩掌合勁要協調，一合即前送；兩掌前後距離約30公分。

2.重心後坐，臀部之勁要下貫至腳跟，身體保持正直，兩胯根皆內收，前腿微屈，腳尖朝前。

3.手揮琵琶為合勁，兩掌合力要協調，合攏與前送要一致。

七、左換步摟膝

【動作】

1.承上勢。右掌向左打掌，左掌向右打掌，向右轉腰，右腳尖外撇45度，重心移至右腳，左腳提起，經右腳內側向左前邁步，腳跟著地，成左虛步；同時，左掌弧形下抹，置於右腹前，掌心斜朝裡，指尖斜向右；右臂外旋，右掌心翻上，立弧下掤，經右腰後翻轉，置於右耳側，掌心斜朝下，指尖向前。面朝東南，目視右掌（圖27）。

2.腰向左轉，重心移至左腳，成左弓步；左掌弧形向左膝前摟出，置於左腳外側；右掌向前方按出，腕與肩同高，掌心斜朝前，指尖向上。面朝正東，目視右掌前方（圖28）。

【用法】

對方用拳擊我胸，我即向右轉身偏其力點，同時出左手，以前臂尺側捌其臂，如其用腳踢我左膝，我左掌向左下方摟出，拿住其腳，右掌按其胸肋，使其向後倒地。

要領同第五式。

八、左手揮琵琶

【動作】

圖 27　　　　　　　　　圖 28

1.承上勢。重心略上移，右腳提起，跟上半步，落於左腳內踝後，腳掌著地；同時，右腕略外旋，左掌弧形向上提，置於右掌之前，掌心斜朝左，指尖向前（圖29）。

2.向右轉腰，重心後坐，右腳全腳踏實，左腳略前移，腳跟著地，腳尖上翹，成左虛步；右掌隨腰轉帶至右胸前，略向左合，掌心朝左，指尖向前；左掌向右合，置於右掌前方，掌心朝右，指尖斜向上，略低於鼻。面朝正東，目視左指前方（圖30）。

【用法】

1.對方用左手抓我按出之右掌，我右掌略下沉轉弧，以腕下尺橈橫捌其腕下外側，粘著轉掌，拿其腕下內側。

2.同時，跟步轉腰，我左掌按其左臂肘關節，其肘部吃痛，身必後仰。

圖 29   圖 30

3. 我左腳突然下踩，踏住其腳，重心上移，兩掌合住前送，對方必後倒。

要領同第六式。

九、右換步摟膝

動作、用法、要領同第五式。

十、右手揮琵琶

動作、用法、要領同第六式。

十一、進步搬攔捶

【動作】

1. 承上勢。腰略左轉即回右轉，右掌變拳劃弧外旋，拳眼朝外，拳心向上；左掌劃弧旋轉，附於右臂內側；右腿提起，稍向裡移，蹬腿出步，腳跟著地（圖31）。

2. 重心上移至右腿，左腳提起，經右腳內踝、向左前

圖 31　　　　　　　　圖 32

邁步，腳跟著地，成左虛步；腰
略右轉，右拳外旋，向右外搬出
，後抽，置於右腰旁，拳心朝上
，拳眼向外；左掌坐腕，由右臂
內側向前攔出，掌心斜朝右，指
尖朝上。面朝東南，目視左掌前
方（圖32）。

　　3. 向左轉腰，重心上移
至左腳，成左弓步；同時，
右拳內旋，向前打出，拳心
朝左，拳眼向上，與胸同高
；左掌回抽至右臂內側，掌
心朝右，指尖向上，面朝正
東，目視前方（圖33）。

圖 33

【用法】

1. 對方用右拳正面直線擊我，我即出右拳，以腕外側尺橈端，粘搦其右腕下尺橈端，即腕外旋，以拇指下腕橈端勾住其右腕，向右轉腰，用橫勁將其搬出。

2. 右搬同時，我速提右腳，以腳跟或腳掌蹬其膝蓋。

3. 對方如後退，我即落右腳，上左腳，腰右轉，上左掌捌其勁項或胸肋。

4. 對方欲拿我左手時，我右拳以來復線旋轉，直打其胸腹。

【要領】

1. 此式發勁。右腳上步時腳尖外撇，以腳跟為力點，向前蹬出，高同膝蓋，蹬腳要有彈性。

2. 右拳橫搬，要以腕端尺橈面為勁點，拳後抽，以腕端橈側大拇指端為勁點，腕略外勾，拇指根節弓起。

3. 左攔掌，以掌小指側為勁點，發勁沉穩乾脆。

4. 快速左右轉腰，腰襠轉換需靈活；向右轉腰，左掌攔出，右拳後抽要協調一致，向左轉腰與右拳打出，要協調完整，右拳以來復線旋轉擊出。

十二、如封似閉

【動作】

1. 承上勢。重心後移至右腳，成左虛步；同時，左臂外旋，左掌心翻上，劃弧下沉至右臂肘下，右臂外旋，掌心翻上（圖34）。

2. 腰略右轉，右臂向後抽，左掌由右臂下抄出，即向後抽，兩掌皆置於腹前，內旋，掌心斜朝下，指尖斜向前（圖35）。

3. 重心前移，兩掌向前按出，掌心斜朝前，指尖向上

圖 34

圖 35

；同時右腳跟步，置於左腳
內踝後，成左虛步。面朝正
東，目視前方（圖 36）。

【用法】

1. 對方用左手抓我右
臂，我右臂速微屈，立圓外
旋，挫其左手大拇指之力；
同時，向右轉體，右臂後抽
，左掌從右臂肘下抄出，將
其左掌挾開。

2. 對方左手被我化開
後，用兩掌直線而入，推我
胸部；我含胸，沉腰，收胯

圖 36

，出兩掌，以肘內側為勁點，用合力封住其兩腕。

3. 我兩肱封其腕，兩掌進其胸，配合呼吸，胸腹微自後轉前，身體弧形出立圈，兩掌與胸腹圈協調一致，向前按出，迫其後倒。

【要領】

1. 上身不要前俯，右拳外旋、回抽要協調配合；左掌由右臂下抹出，勁點在腕上橈側。

圖 37

2. 兩掌前按，動度要短，勁點在掌根尺側。

3. 定式時前腳實，後腳虛。

十三、簸箕式

【動作】

1. 承上勢。兩掌劃外弧下按至小腹前，掌心朝下，指尖斜相對，重心移至左腳，右腳提起，落於左腳右前，腳尖點地；左腳自然起立，兩臂外旋，兩掌自下而上，由內向外扇形分開，高於兩額，掌心朝上，指尖斜向外。面朝正東，目視前方（圖37）。

2. 兩掌弧形下沉，兩臂屈肘，兩肘置於左右兩腰際外側，兩掌掌心朝上，指尖向前（圖38）。

3. 右腿屈膝提起，腳尖裡扣，腳跟向前蹬出（圖39）。

【用法】

此式與第十四式雙托掌相連接，不單獨說明。

圖 38　　　　　　　　　　圖 39

【要領】

1. 兩臂左右分開時，勁點在肘下橈側；兩臂回旋至兩肋旁；勁點轉至兩肱內側，扶貼兩肋際。

2. 左腳站立沉穩，右腳發勁直蹬，勁在腳跟，高近胸腹，上身不要後仰。

十四、雙托掌

【動作】

1. 承上勢。右腳下落，腳尖外撇，屈膝下蹲；左腳上一步，先腳跟著地，成左虛步；同時，兩肘向裡扣，兩掌向裡合，掌心朝上，指尖向前（圖40）。

2. 重心上移，左腳踏實成左弓步，兩掌同時快速伸臂前托，掌心朝上，指尖向前，高與腹同。面朝正東，目視兩掌前方（圖41）。

圖 40　　　　　　　圖 41

【用法】

1.此式用法與簸箕式相連。對方用兩拳打我頭部太陽穴，我身微後移，兩掌即從對方兩臂中間插入，上翻成八字形，將其兩拳化開。

2.我兩掌從上轉下，從外轉內繞半個立圓，將對方兩手挾進我腋下，我以肱骨封住其兩手，兩掌纏入其兩臂下面上托，提膝蹬其小腹。

3.對方欲撤步後退，我落右腳，跟左腳，兩掌以指尖為力點，直插其軟肋內側，其必應痛而倒。

【要領】

1.兩掌前托，以中指領勁，高不過胸下軟肋，兩掌距離可容兩拳。

2.左腳上步含有插襠之意。

圖 42

圖 43

十五、十字手

【動作】

1. 承上勢。向右轉腰，右腳尖外撇45度，重心移至右腳，左腳尖內扣90度；同時，右臂內旋伸展，右掌隨腰轉抹至右腰前，高與腰平，掌心朝下，指尖斜向外；左掌內旋，弧形抹至左前方，高與腰平，掌心朝下，指尖斜向外。面向正南，目先視右掌後視左掌（圖42）。

2. 重心斜至左腳，成左側弓步，左右兩掌皆外翻下沉，自外向裡劃弧，掌心皆斜朝上，指尖向前（圖43）。

3. 右腳提起，收至左腳內側，腳尖均向南，兩腳略寬於肩；同時，左右兩掌弧形向裡抱合，置於胸前，兩腕交叉，右掌在外，左掌在內，掌心皆朝裡，指尖斜向上，高與鼻同。面朝正南，目視前方（圖44）。

【用法】

1.重心後移屈肘,是用肘靠打對方;翻掌下沉,是接粘對方之手下採;兩掌交叉站立,是守門應敵之勢。

2.太極拳的所有動作中,十字手是最富有技擊意義的,它變化甚多,能上來上抬,下來下壓,左來左捌,右來右避,直來橫偏,正來斜轉。看來很簡單,其實有多變的技擊含義。初學太極拳的朋友,需認真練習,領會它的內涵所在。

圖44

【要領】

1.上身右轉、右臂帶回時,勁在肘尖,隨伸臂,勁轉至右掌尺側。

2.兩掌由前下抱合時,上身不可前俯,不可聳肩抬肘,臀部不要外突。

3.兩腳收攏站立,要虛靈頂勁,中正安舒。

十六、右抱虎歸山

【動作】

1.承上式。腰向右轉,重心移至右腳,左腳尖內扣90度,重心復移至左腳,右腳提起,向右前邁步,腳跟著地,成右虛步;同時,右掌內旋,弧形下沉至腹前,掌心斜朝裡,指尖斜向左;左掌弧形下落,自左後翻轉至左耳外側,掌心斜朝裡,指尖向前(圖45)。

圖45　　　　　　　　　圖46

2.重心移至右腳，右腳踏實成弓步；右掌向右下方摟抱，置於右腰際外側，掌心指尖皆向裡；左臂略內旋，左掌向前按出。面朝西北，目視左掌方向（圖46）。

【用法】

1.對方從右後側抬我右肘，或推我右肩，我順來勢旋臂沉肩，重心左移化其來力。

2.我即撤右腳，向右後弧形內套封住對方下肢，右手向右後繞大圈，抱住其腰，發力上提，將其全身抱起。

【要領】

1.右腳出步，要由外轉向內落腳，腰胯下沉；轉成右弓步時，腰要向上拔，配合襠勁轉換，螺旋上提。

2.右掌向右後摟抱，要與轉腰上提協調一致，勁在右臂內側；左掌按時，勁在掌根尺側。

3. 身體不可歪斜，肩胯要合攏。

十七、右肘底捶

【動作】

1. 承上勢。重心略上移，左腳跟半步，落於右腳內踝後，腳掌著地；左臂外旋，掌心翻上，指尖斜向前，掌略下沉；右掌自右外向裡弧形抄至左掌前，掌心斜朝外，指尖向前，兩掌前後距離約30公分（圖47）。

2. 腰向左轉，重心落至左腳，成右虛步；兩掌向左、偏下、後捋，左掌至左腰旁，掌心斜向內，指尖斜向前，右掌置於腹前，掌心斜朝外，指尖向前。目視右掌（圖48）。

3. 腰右轉，右腳提起，向右前邁步，成右弓步；右臂外旋，掌心對胸，指尖向左，左臂內旋，左掌按於右掌腕

圖 47　　　　　　圖 48

側端，掌心朝外，指尖斜向上，兩掌同時向前擠出。面朝西北，目視前方（圖49）。

4.重心略前移，左腳提起，跟半步震腳落於右腳內踝後，右腳跟著地，腳尖上翹，成右虛步；同時，左掌翻轉，掌心向裡，指尖斜向上，自右掌內側上穿，指尖與眉同高，即下沉腹前；在左掌下沉與肩平時，右掌劃小弧向左掌內側穿上，內旋，掌心由內翻向外，指尖向上，高與眉齊；同時，左掌變拳，略向前移，置於右臂肘下，拳面斜朝前，拳眼向上。面向西北，目視右掌前方（圖50）。

【用法】

1.對方用右拳從正面擊我頭部，我身稍右轉，即上左手，從右掌內側穿出，以前臂外側尺橈部，向左掤開其右拳，偏其力點，搶好位置。

圖 49

圖 50

2.對方右拳被我化開後，接著用左拳迎面擊我，我上身微左轉，右掌即從左掌內側中線上穿，以前臂外側尺橈部為勁點，粘其左臂內側，占住中心，將其向右掤開；隨之翻掌，以腕上尺側小魚際擊其鼻子。

3.同時我左手握拳，猛擊其腹部。此招法，對方受雙重打擊。

【要領】

1.左掌上穿，要先略偏右，再偏左下落。右掌則先偏左後偏右下落，勁點先在前臂橈側，再到尺橈，最後到手掌。

2.上穿轉掤，下落轉採。肘底左拳前移，動度要短，右掌上托，兼備前劈。

3.下肢步法要與身法、手法、眼法完整協調，眼引手轉，腰轉步隨。

十八、通背捶

【動作】

1.承上勢。腰略左轉，左拳外旋，弧形回抽至左腰側，拳心朝上，拳眼向外；右掌外旋橫至胸前，掌心斜朝內，指尖向左，右腳稍向裡收，腳尖上翹成虛步（圖51）。

2.腰略下沉，右腳提起，向右前邁步，成右弓步；同時，右掌內旋，向上滾翻，置於右額上方，掌心朝外，指尖向左；左臂內旋，左掌向前打出，拳高同胸，拳面朝前，拳眼向上。面朝西北，目視前方（圖52）。

【用法】

1.對方從右側用左拳擊我面部，我即沉腰，身微左轉，右手上架，從其臂下往上提起，失其平衡，左拳發勁擊其肋，其必後倒。

圖 51　　　　　　　　　圖 52

2. 即出右腳，靠近其身，配合右臂內旋，以前臂為軸，將其左臂滾上，左拳發動擊其肋，其必後倒。

【要領】

1. 左拳打出，不要與出前腳同時擊出，用慣性打法；要先將右腳支撐地面後，隨轉腰擊拳，拳走來復線，發勁有彈性。

2. 右掌上架，不可抬肘，左右兩肩保持同高，眼神嚴而不威。

十九、左抱虎歸山

【動作】

1. 承上勢。腰向左轉，重心移至左腳，右腳尖內扣135度，重心復移至右腳，左腳提起，隨腰轉向左後方邁步，先腳跟著地，成左虛步；同時，左拳變掌內旋，弧形下沈

圖 53　　　　　　　　　　　圖 54

至腹前，掌心斜朝裡，指尖斜向右；右臂外旋，右掌向右
後劃立弧翻轉，置於右耳外側，掌心斜朝裡，指尖向前。
面轉東偏北（圖53）。

　　2.重心上移至左腳，成左弓步，左掌向左後下方摟抱，
置於左腰際外側，掌心指尖皆向裡；右臂略內旋，右掌向
前按出。面朝東北，目視右掌前方（圖54）。

　　【用法】

　　1.對方從左後抬我左肘，或推我肩，我順其勢旋臂沈
肩，重心左移化其來力。

　　2.我即撤左腳，向左後弧形內套，套封對方下肢；同
時，左手向左後方繞大圈，抱住其腰部，我左腰上提，將
其抱起，使其兩腳離地，無反抗能力。

　　要領同第十六式。

二十、左肘底捶

【動作】

1.承上勢。重心略上移，右腳跟半步，落於左腳內踝後，腳掌著地；同時，右臂外旋，掌心翻上，指尖斜向前，掌稍下沈；左掌自左外轉裡，弧形抄至右掌前，掌心斜朝外，指尖斜向前，兩掌前後距離約30公分（圖55）。

2.腰向右轉，重心落至右腳，成左虛步；同時，兩掌弧形向右、偏下右捋，右掌至右腰旁，掌心斜朝內，指尖斜向前，左掌置於腹前，掌心斜朝外，指尖向前。目視右掌（圖56）。

3.左腳提起，向左前邁步，成左弓步；腰略左轉，左臂外旋，掌心對胸，指尖向右；右掌內旋，附於左掌腕端，掌心朝外，指尖斜向上，兩掌同時向前擠出。面朝東北

圖 55

圖 56

，目視前方（圖57）。

4.重心略上移，右腳提起，跟半步震腳，落於左腳內踝，重心後坐，右腳全腳踏實，左腳腳跟著地，腳尖上翹，成左虛步；同時，右掌翻轉，掌心朝裡，指尖斜向上，經左掌內側上穿，指尖與眉同高，即下沈至腹前；在右掌下沈與肩相平時，左掌劃小弧向右掌內側穿上，左臂內旋，掌心由內翻外，指尖向上，高與眉齊；同時右掌變拳，略向前移，置於左臂肘下，拳面斜朝前，拳眼向上。面朝東北，目視前方（圖58）。

【用法】

1.對方左拳從正面擊我頭部，我身稍左轉，即上右手，從左掌內側穿上，以前臂外側掤開其左拳，偏其力點，搶好位置。

圖 57

圖 58

2.對方左拳被化開後，用右拳迎擊我，我微右轉，左掌從右掌內側中線上穿，以前臂外側力點，粘其右臂內側，占住中心，將其向左挪開；隨之翻掌外劈，以腕上尺側小魚際擊其鼻。

3.同時，我右手握拳，猛擊其腹。

要領同第十七式。

二十一、通背捶

【動作】

1.承上勢。腰略右轉，右拳外旋，弧形回抽至右

圖59

腰側，拳心朝上，拳眼向外；左臂外旋，左掌橫落至胸前，掌心斜朝內，指尖向右，左腳稍裡收，腳尖下墜（圖59）。

2.腰略下沈，左腳提起，向左前邁步，成左弓步，同時，左掌內旋，向上滾翻，置於右額上方，掌心朝外，指尖向右；右拳內旋向前打出，高同胸平，拳面朝前，拳眼向上。面朝東北，目視前方（圖60）。

【用法】

1.對方從左側用右拳擊我頭面，我即沉腰，身微右轉，左手從其右臂下往上提起，失其平衡。

2.即出左腳靠近其身，配合左臂內旋，以前臂為軸，將其右臂上滾，右拳發勁擊其肋部，其必後倒。

要領同第十八式。

圖 60　　　　　　圖 61

二十二、猴兒頂雲

【動作】

1. 承上勢。重心後移至右腳，左腳跟著地，成左虛步；腰略向左轉，同時右臂外旋右拳變掌，向後回抽至右腰旁，掌心朝上，指尖向前；左掌弧形下落，經胸向前推出，置於左肩前方，掌心斜朝前，指尖斜向上。面朝東，目視左掌前方（圖61）。

2. 向右轉腰，右臂向右後伸展置於右肩外，腕與肩同高，掌心朝上，指尖向外；左臂外旋，掌心翻上，指尖向前。面朝東偏南，目斜視右掌（圖62）。

3. 向左轉腰，左腳提起，經右腳內側向左後撤步，先腳掌著地，後合腳踏實成右虛步；同時，左掌向後回抽，置於左腰旁，掌心朝上，指尖向前，右掌翻轉，掌心翻下

圖 62

圖 63

，經右耳側向前推出，置於右肩前方，腕與肩同高，掌心斜朝前，指尖斜向上。面朝東偏北，目視右掌前方（圖63）。

4. 腰略左轉，同時，左掌向左後伸展，置於左肩外方，腕與肩同高，掌心朝上，指尖向外；右臂外旋，掌心翻上，指尖向前。目斜視左掌（圖64）。

5. 腰向右轉，右腳提起，經左腳內側向右撤步，先腳掌著地，後全腳踏實，成左虛步；同時，右掌向後回抽，置於腰旁，掌心朝上，指尖向前；左臂內旋，左掌翻轉，經左耳側向前推出，置於左肩前方，掌心斜朝前，指尖斜向上。面朝正東，目視左掌（圖65）。

6. 腰略右轉，右掌向後伸展，置於右肩外，腕與肩同高，掌心朝上，指尖向外；左臂外旋，掌心翻上，指尖向

圖 64

圖 65

前。面朝東南，目斜視右掌（圖66）。

　　7.向左轉腰，左腳提起，經右腳內側向左後撤步，先腳掌著地，後全腳踏實，成右虛步；同時，左掌向後回抽，置於左腰旁，掌心朝上，指尖向前；右臂內旋，掌心翻朝下，經右耳側向前推出，與肩同高，掌心翻轉朝下斜朝前，指尖斜向上。面朝東偏北，目視右掌前方（圖67）。

　　【用法】

　　1.對方用右手按我左臂或左肩，我即左掌外旋上翻，抓住其腕，退步後将，右掌按其左胸，其必在我左前傾倒。

　　2.對方從後面用掌推我肩或背，我即轉腰沉體撤步，套封其腿，重心後移，以背部猛靠，其必後倒。

　　【要領】

　　1.兩掌左牽右推，右牽左推，勁路要一線相連，左長右短，右長左短，不可自相牽制；前掌勁在掌根，後掌勁

圖 66　　　　　　　　圖 67

在掌心，後抽之掌不過腰際。

　2.向後撤步，要走Ｓ形，含有套扣之意；兩胯根內收，腰襠勁轉換要得當，重心後移時，意含背靠之勁，鬆腰斂臀，沉肩含胸。

二十三、左右摟膝打捶

【動作】

　1.承上勢。右腳提起後收，經左腳內側，後弧形向右外橫側出步，先腳掌著地，重心右移，全腳踏實，成橫檔步，隨之，右掌由前向裡、向外，從右腳前摟出，變拳外旋180度，掌心向上，置於右腰側；左臂內旋，左掌劃弧到腹前，掌心斜朝下，指尖斜向前（圖68-①②）。

　2.同時左腳提起，向裡收至右腳內側，隨即向左前邁步，成左弓步；同時左掌經左膝前摟出，按於左膝外側，掌心朝下，指尖向前；右掌內旋90度向前發勁打出，拳心

圖 68－①

圖 68－②

朝左，拳面向前，高與胸平。面朝正東，目視前方（圖 69）。

用法同第五式。

【要領】

1. 右腳向橫側出步時，要走後弧轉前，側弓封胯；重心右移時，右肩含有靠意。

2. 上身不要搖擺，眼顧盼左右摟掌；右拳以來復線旋轉發勁打出後，即鬆開。

圖 69

二十四、轉身右蹬腿

【動作】

1. 承上勢。重心後移，左腳以腳跟為軸，腳尖內扣135度，重心復移至左腳，身體右轉180度，右腳略右移；右臂內旋，屈肘後靠。隨即前臂向右伸展，右掌心朝下，指尖向外；左臂向左伸展，左掌心朝下，指尖向外，兩掌腕與肩平。面朝正西，目平視前方（圖70）。

2. 右腿屈膝提起，腳尖下墜，成左獨立步；同時，兩臂外旋，兩掌劃立弧交叉抱合置於胸前，右掌在外，左掌在內，掌心皆朝裡（圖71）。

3. 右腿裡扣，以腳跟為力點，快速向正前方蹬出；同時，兩掌內旋，快速左右分開，掌心均斜向前，指尖向上。面朝正西，目視右腳蹬出方向（圖72）。

圖 70

圖 71

【用法】

1.對方從我右後方用手抓我後頸項部,我腰下沉,即向後轉身,右臂屈肘,以肘尖靠其胸部,其受靠後仰,我隨之展開右前臂,以尺側部其頸項,連鎖打擊對方。

2.對方用左右兩拳擊我胸兩側,在其拳未著實之間,我兩掌交叉合攏,封住其兩拳,隨即提右膝,用膝蓋頂其小腹,其欲後撤,我右腳直蹬其腹,迫其後倒。

【要領】

1.右腳十字腿發勁前蹬不宜過高,勁在腳跟。兩掌分開時,不要聳肩抬肘。

2.左腳獨立要沉穩,身體不可俯仰。

二十五、盤肘指襠捶

【動作】

1.承上勢。右腳向左腳外側下落,腳尖向右,兩大腿交叉;左掌橫落至右腹前,掌心斜朝下,指尖斜向右,右掌弧形下運,掌心附於左腕背面(圖73)。

2.向右轉腰90度,身體螺旋下降,重心落至右腳,右腿壓在左腿上,盤坐下蹲;左腳以腳掌外側為軸,腳跟外撇,成右歇步;同時,左掌變拳,左肘尖向前上靠,高與眼平;右掌助力上送,身體朝北,肘靠向西。目視肘尖方向(圖74)。

【用法】

對方用右手抓拉左胸部,我即向右轉體,屈膝盤坐,用左肘靠打其襠。

【要領】

1.盤坐要穩固,頭部不要後仰,上體側身90度,目視左肘尖前上方。

圖 72

圖 73

圖 74(正面)

圖 74(反面)

2.左肘自下而上靠出，肘尖與左肩外側方向一致，略高於肩，右掌扶住左臂助勁上推。

二十六、野馬分鬃

【動作】

1.承上勢。左右兩腳，均以腳掌為軸，向左螺旋起身，重心在左腳，右腳掌著地，成右虛步，面朝西南；同時，左拳變掌，弧形上提至右肩前，橫臂屈肘，掌心朝外，指尖斜朝上；右掌左移置於腹前，掌心朝內，指尖斜向下。面向西南，目視左掌虎口（圖75）。

2.腰速下沉，右腳提起，略向裡收，隨即向右前方邁步，先腳跟著地，迅速收胯向右抖腰，重心移至右腳，成右弓步；同時，右掌外旋，向右前方發勁捌出，置於右肩前方，掌心斜朝上，指尖斜向前，腕略高於肩；左掌向左

圖 75　　　　　　　　圖 76

下採至左胯外側，掌心朝下，指尖斜向前。身朝西偏南，面朝正西，目視右掌前方（圖76）。

3.腰右轉，提起左腳，經右腳內踝，向左前方邁步，腳尖外撇，腳跟著地，成左虛步；同時，右臂內旋，右掌翻轉，劃立圓運至左肩前，屈肘橫臂，掌心朝外，指尖向上；左掌由外向裡，劃弧抄至腹前，掌心朝裡，指尖斜向下。面向西北，目視右掌虎口（圖77）。

4.迅速收胯向左抖腰，重心移至左腳，成左弓步；左掌外旋，向左前方發勁挒出，置於左肩前方，掌心斜朝上，指尖向前，腕略高於肩；右掌向右下採至右胯外側，掌心朝下，指尖向前。身朝正西，面朝西南，目視左掌前方（圖78）。

5.向左轉腰，右腳提起，經左腳內踝，向右前方邁步

圖 77　　　　　　　　　　圖 78

，腳跟著地，成右虛步；同時，左臂內旋，左掌翻轉，劃
立圓運至右肩前，屈肘橫臂，掌心朝外，指尖向上；右掌
由外向裡劃弧至左腹前，掌心朝裡，指尖斜向下。面向西
南，目視左掌虎口（圖79）。

　　6.迅速收胯向右抖腰，重心移至右腳，成右弓步；右
掌外旋，向右前方發勁捌出，置於右肩前方，掌心斜朝上
，指尖斜向前，腕略高於肩；左掌向左下採至左胯外側，
掌心朝下，指尖向前。身朝西南，面朝正西，目視右掌前
方（圖80）。

圖 79

圖 80

【用法】
　　1.對方用左掌或拳擊我頭部，我體略左轉避其力點，
立即出左手，以腕下前臂外側搭粘其腕背，隨之翻掌採住
其腕，上右腳，插在其左腳後，迅速右轉腰，右臂橈側猛

捌其頸或胸肋，其必倒於我右後方。

2.對方用右拳擊我頭部，我體略右轉避其力點，立即出右手，翻掌採住其腕，同時上左腳，封其右腳，腰迅速左轉，左臂橈側猛捌其頸或胸肋，使其倒於我左後方。

【要領】

1.右腳出步，劃外弧形落腳，略內扣，快速轉腰，右胯根必須扣進，使腰勁沉穩有力。腰轉度不超過40度，到位後，與正前方向側身約20度。

2.右弓步要撐腰橫轉形成。

3.右臂斜上捌出，要偏過右腿，置於右腿外側上方，勁點在右臂橈側；左掌下採、右掌上捌要同時完成。

4.發勁乾脆利落富有彈性。

5.目視左手亮掌，繼視右手捌掌。

二十七、動步攬雀尾

動作、用法、要領同第三式。

二十八、單鞭

【動作】

1.承上勢。向左轉腰，左腳尖外撇45度，右腳尖內扣90度，成左側弓步；左掌平抹至左肩前外側，臂呈弧形，掌心向下，指尖向前；右掌弧形抹至左胸前，橫臂屈肘，掌心朝下，指尖斜向左。面朝正南，目隨手運（圖81）。

2.腰略右轉，重心移至右腳，成右側弓步；右臂屈肘右靠，即前臂外展，右掌五指撮攏變勾掌，指尖向下，置於右前方，高與肩平；左掌弧形運轉至右前臂內側，掌心朝下，待右掌變勾時，即外旋，掌心轉裡，指尖向上，指同鼻高。面朝南偏西，目視右勾手外方（圖82）。

3.右腿略下蹲，左轉腰，左腳提起，向左前方邁步，

圖 81   圖 82

先腳跟著地，成左虛步；左掌運至鼻前，掌心朝裡，指尖
斜向上。面朝南偏東，目視左指尖外方（圖83）。

　　4.重心移至左腳，成左弓步；右腳跟外撇45度，左臂
內旋，左掌心外翻，向左前方按出，高與肩平，掌心斜朝
前，指尖向上。身體朝東偏南，面朝正東，目視左指前方
（圖84）。

　　【用法】

　　1.對方用掌推我右肩，我重心後移，腰左轉引進；隨
即右轉，右臂屈肘靠擊其胸；其欲後仰，我即展右臂，以
前臂或掌腕尺側捌其頸項，隨之以掌勾封其頸。

　　2.對方用右掌擊我胸部，我身略左轉避其力點，左前
臂捌開其臂，翻掌按擊其胸。

　　【要領】

　　1.兩肩不可有高低，要與兩胯合對，後胯根不要外挺。

　　2.左按掌劃圈前進，勁點由掌根背面轉至掌尺側小魚

圖 83　　　　　　　　　圖 84

際；右勾勁點在屈腕內側。

　　3.鼻尖、指尖、腳尖上下三尖對齊；右勾手指尖與右腳尖上下呼應相對，兩腕與兩肩同高。

二十九、玉女穿梭

【動作】

穿梭一

　　1.重心移至右腳，左腳尖內扣90度，向右轉腰135度，重心復回至左腳，右腳以腳掌為軸，腳跟內扣90度，成右虛步。同時，右臂外旋，右勾變掌上翻，置於右胸前，掌心斜朝上，指尖斜向前；左掌外旋，弧形抄至右臂肘下，橫臂攔胸，掌心朝上，指尖斜向右。面朝西偏南，目視右掌前方（圖85）。

　　2.左腿略下蹲，右腳提起稍後移，再向西南方向出步，腳尖外撇45度，先腳跟外側著地，後全腳踏實；左腳提

圖 85   圖 86

起，經右腳內踝，向西南方向邁步；同時，右臂後抽，右
掌自小指至大拇指，依次扳攏變拳，置於右腰旁，拳心朝
上，拳面向前；左掌從右臂肘下抹出，置於胸前，掌心向
上，指尖斜向右（圖86）。

　　3. 腰向左轉，重心移至左腳，成左弓步；同時，右拳
內旋，向前方打出，拳心朝左，拳眼向上，左臂內旋，左
掌上提架托至左額上方，掌心朝前，指尖向右。面朝西南
，目視右拳前方（圖87）。

　　穿梭二

　　4. 重心後移，向右轉腰135度，左腳尖內扣135度，重
心復回至左腳，右腳以腳掌為軸，腳跟內扣90度，成右虛
步；同時左掌外旋，弧形下沉至左胸前，掌心斜朝上，指
尖斜向前；右拳外旋變掌，弧形抄至左臂肘下，橫臂攔胸

圖 87　　　　　　　　圖 88

，掌心朝上，指尖斜向左。面朝北偏東，目視左掌前方（圖
88）。

　　5.左腿略下蹲，右腳提起，向右後出步，先腳跟著地
成右虛步；同時，左臂後抽，左掌自小指至大拇指，依次
扳攏變拳，置於左腰旁，拳心朝上，拳面向前；右掌從左
臂肘下抹出，置於胸前，掌心朝上，指尖斜向左（圖89）。

　　6.向右轉腰，重心移至右腳。右腳全腳踏實，左腳跟
外撇45度，成右弓步；同時，左拳內旋，向前方打出，拳
眼朝上；右臂內旋，右掌上提，架托至右額上方，掌心朝
前，指尖向左。面朝東南，目視左拳前方（圖90）。

　　穿梭三

　　7.向左轉腰90度，左腳尖外撇90度，重心移至左腳，

圖 89   圖 90

右腳以腳跟為軸，腳尖內扣135度，右腳尖點地，隨即提起，向右前邁步，先腳跟著地，腳尖外撇45度，成右虛步。同時，右臂外旋，右掌弧形下沉至右胸前，掌心斜朝上，指尖斜向前；左臂外旋，左拳變掌，弧形抄至右臂肘下，橫臂攔胸，掌心朝上，指尖斜向右。面朝東偏北，目視右掌前方（圖91）。

　　8. 重心上移至右腳，全腳踏實，左腳提起，經右腳內踝，向左前方邁步，先腳跟著地，成左虛步；同時，右臂向後抽，右掌自小指至大拇指，依次扳攏變拳，置於右腰旁，拳心朝上，拳面前上，左掌從右臂肘下抹出，置於胸前，掌心朝上，指尖斜向右（圖92）。

　　9. 腰略向左轉，重心移至左腳，成左弓步；同時，右拳內旋，向前打出，拳心朝左，拳眼向上；左掌上提，架托至左額上方，掌心朝前，指尖向右，拳心朝左，拳眼向

圖 91

圖 92

上。面朝東北,目視前方(圖93)。

穿梭四

10.重心後移,右轉腰135度,左腳尖內扣135度。重心復移至左腳,右腳以腳掌為軸,腳跟內扣90度,成右虛步;左掌外旋弧形下沉至左胸前,掌心斜朝上,指尖斜向前;右臂外旋,右拳變掌,弧形抄至左臂肘下,橫臂攔胸,掌心朝上,指尖斜向左。面朝南偏西,目視

圖 93

圖 94　　　　　　　　　　圖 95

左掌前方（圖94）。

　　11.左腿略下蹲，右腳提起，向右後方邁步，先腳跟
著地；同時，左臂後抽，左掌自小指至大拇指依次扳攏變
拳，置於左腰旁，拳心朝上，拳面向前；右掌從左臂肘下
抹出，置於胸前，掌心朝上，指尖斜向左（圖95）。

　　12.向右轉腰，重心移至右腳，踏實，左腳跟外撇45
度成右弓步；左拳內旋，向前方打出，拳眼朝上，右掌內
旋上提，架托至右額上方，掌心朝前，指尖向左。面朝西
北，目視左掌前方（圖96）。

　　【用法】

　　對方從左側用拳擊我頭部，我即右轉腰，上左腳，左
臂托架，右拳擊胸，使其失去平衡。左右方向不同，用法
相同，均是上托下打。

【要領】

1.四面轉換，方向要明確；上步扳指，依次有序。

2.以眼引手，神宜貫串。

3.左右兩肩保持平整，肩胯務必合住。

三十、上步攬雀尾

【動作】

左掤

1.承上勢。重心後移至左腳，腰向左轉，右腳尖內扣90度，重心復移至右腳，左腳提起，收至右腳內側

圖 96

，腳尖點地，成左虛步；同時，右掌外旋弧形下沉至右胸前，掌心朝下，指尖斜向左；左拳變掌外旋，弧形抄至右腹前，掌心朝上，指尖向右，上下兩掌心相對；呈抱球狀（圖97）。

2.左腳提起，向左後邁步，右腳跟外撇45度，成左弓步；左臂逐漸內旋，弧形向左掤出，掌心朝內，指尖向右，腕與肩平；右掌下按至右腕前，掌心朝下，指尖向前。面朝正南，目視左手前方（圖98）。

右掤

3.向左轉腰，重心後移至右腳，左腳尖外撇45度，重心復移至左腳，右腳提起，經左腳內踝，向右前方邁步，先腳跟著地，成右虛步；同時，右掌外旋，弧形抄至左腹前，掌心朝上，指尖向左；左掌內旋，掌心翻下，弧形裡

圖 97

圖 98

圖 99

圖 100

收，置於左胸前，掌心朝下，指尖向右，兩掌心相對，呈抱球狀（圖99）。

4.重心上移至右腳，成右弓步；右臂內旋，向前掤出，掌心朝內，指尖向左；左掌跟於右掌後面，掌心斜朝前，指尖斜向右。面朝正南，目視右掌前方（圖100）。

5.向左轉腰，重心移至左腳，左掌外旋，掌心斜朝上，指尖向前；右掌內旋，掌心斜朝上，指尖向前，掌隨腰轉，向左、向下将至左腰側，兩掌前後距離約30公分（圖101）。

6.腰向右轉，重心移至右腳，成右弓步；右掌外旋，掌心翻上，指尖向左；左掌內旋，附於右掌腕端，掌心朝前，指尖斜向右。兩掌隨腰弧形向前、向右外順時針擠出，右掌心翻下（圖102）。

圖 101

圖 102

用法同三式。

【要領】

1.左掤朝南，右掤也朝南。

2.右掤及捋擠，幅度宜大，均斜弧形；右弓步配合身法、手法以橫弧形旋轉形成；擠時以右掌拇指端橈側領勁，掌心朝上劃半個平圓。

三十一、轉身野馬分鬃

【動作】

野馬分鬃　（一）

1.向左轉腰，重心後移至左腳，右腳尖內扣180度，重心復移至右腳，左腳尖點地，略左移，成左虛步；同時，右掌內旋，掌心翻下，置於右胸前；左掌附於右掌根內側，隨右掌旋轉，掌心翻上。面朝北，目視右掌外方（圖103）。

圖 103　　　　　　　　　圖 104

2.向左轉腰，左腳提起，向左後出步，腳跟著地；右掌移至左肩旁，橫臂屈肘，掌心朝右，指尖向上；左掌下沈至右腹前，掌心斜朝裡，指尖斜向下。面朝北偏西，目視右掌虎口外方（圖104）。

3.迅速向左轉腰，重心移至左腳，右腳跟外撇45度，成左弓步；左掌外旋，向左前方發勁捌出，掌心斜朝上，指尖向前，腕略高於肩；右掌向右下採，置於右胯外側。面朝正西，目視左掌前方（圖105）。

野馬分鬃 （二）

4.向右轉腰，重心後移至右腳，左腳尖內扣135度，重心復移至左腳，右腳提起，收至左腳內側前，腳尖點地，成丁字步；同時，左掌內旋，弧形抹至右肩前，掌心朝外，指尖向上；右掌弧形抄至左腹前。面朝北偏東，目視

圖 105

圖 106

圖 107-①

圖 107-②

左掌虎口處（圖106）。

　　5.右腳提起，向右前方邁步，先腳跟著地，迅速向右抖腰，右腳全腳著地，成右弓步；右掌向右前方發勁捌出，掌心斜朝上，指尖向前，腕略高於肩；左掌向左下採，置於左胯外側。面朝正東，目視右掌前方（圖107-①②）。

　　野馬分鬃 （三）

　　6.向左轉腰，重心後移至左腳，右腳尖內扣180度，重心復移至右腳，左腳尖點地，略左移，成左虛步；右掌內旋，掌心翻下，弧形抹至左肩前，橫臂屈肘，掌心斜朝外，指尖向上；左掌弧形抄至右腹前，掌心斜朝裡，指尖斜向下。面朝西偏南，目視右掌虎口處（圖108）。

　　7.腰略左轉，左腳提起，向左後出步，先腳跟著地，迅速向左抖腰，重心移至左腳，右腳跟外撇45度，成左弓

圖 108　　　　　　　　　　圖 109

步；同時，左掌外旋向左前方發勁捌出，掌心斜朝上，指
尖向前，腕略高於肩；右掌向右下採，置於右胯外側。面
朝正南，目視左掌前方（圖109）。

野馬分鬃 （四）

8. 向右轉腰，重心後移至右腳，左腳尖內扣135度，
重心復移至左腳；右腳提起向右前邁步成右虛步；左掌內
旋，掌心翻下，弧形抹至右肩前，橫臂屈肘，掌心朝裡，
指尖向上；右掌弧形抹至左腹前，掌心斜朝裡，指尖斜向
下。面朝西偏北，目視左掌虎口處（圖110）。

9. 重心移至右腳，成右弓步；右掌快速發勁捌出，掌
心斜朝上，指尖向前，腕略高於肩；左掌向左下採，置於
左胯外側。面朝正北，目視右掌前方（圖111）。

用法同第二十六式。

圖 110　　　　　　　圖 111

【要領】

上步攬雀尾右掤，接野馬分鬃，要向左旋轉270度，此式共由四個野馬分鬃動作組成：(1)西，(2)東，(3)南，(4)北，都是發勁快打。

三十二、單鞭下勢

【動作】

1.向左轉腰，重心後移至左腳，右腳尖內扣180度，重心復移至右腳；左腳跟提起，腳掌著地，成左虛步；同時，右掌順旋劃平圓，隨即掌心翻下，高與肩平；左掌外旋，弧形抹至右腕下方，掌心由外翻向內，指尖斜向上（圖112）。

2.右腿屈膝下蹲，左腳稍左移，自然伸直，腳尖內扣成左仆步；右掌五指撮攏變勾，稍向上提，略向右移，腕

圖 112

圖 113

高同耳平，勾指下垂；左掌弧形上抄，至右掌腕下端，掌心朝內，指尖向上。目視勾手（圖113）。

　　3.腰略右轉，左掌下穿，掌心朝外，指尖向前，置於襠前，右腳尖外撇。面朝東偏南，目視左掌前上方（圖114）。

　　【用法】

　　1.右吊勾用法與第二十八式單鞭相同，但此式為向下勾拉之法。

　　2.對方從左前方用拳擊來，我稍向右轉體，以左掌弧形外掤，左前臂腕端外側粘搭，隨掤轉掌下採必能得勢。

　　【要領】

　　1.　由右野馬分鬃轉單鞭下勢，方向朝東，向左轉270度。在實際訓練中，仆步下勢可朝東偏南，便於順勢下蹲。

2.下勢穿掌，上身前傾不要超過40度。頭頂上領，臀部內斂。

三十三、金雞獨立

【動作】

1.承上勢。重心下坐，左腳尖外撇，左掌向前穿，掌心朝右，指尖斜向前，置於左小腿內側；右勾手向右後下擺變掌，臂略內旋即轉外旋，置於右膝前，掌心朝裡，指尖向前。身體朝南，目視前方（東）（圖115）。

圖114

2.重心上移至左腳，右腳尖內扣，成左弓步。同時，左掌向上穿出，掌心朝右，指尖斜向上，高與胸平；右掌置於腹前，掌心朝左，指尖向前（圖116）。

3.重心略上移，左腳自然立起，右腿屈膝上提，成左獨立步。同時，右掌上穿，肘對膝蓋，掌心朝左，指尖向上，高與眉平；左掌下落至左胯外側，掌心朝下，指尖向前。面朝正東，目視前方（圖117）。

4.右腳以腳面為力點，向前踢腳，速回原位，下落至左腳內踝旁，左腿屈膝上提，腳尖下垂，以腳面為力點，向前踢腳，踢出即收。右腿自然站立，成右獨立步；同時，左掌上穿，肘對膝蓋，掌心朝右，指尖向上，腕高與眉平；右掌下落，置於右胯外側，掌心朝下，指尖向前。面朝正東，目視前方。左腳以腳面為力點，向前踢腳，即回

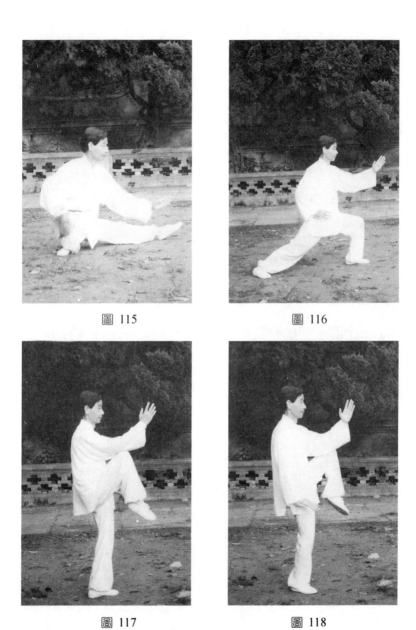

圖 115

圖 116

圖 117

圖 118

原位（圖118）。

【用法】

1.對方從正面用右拳擊我，我即出左掌，以前臂外側將其粘化，隨即翻掌下採，其左掌劈我頭，我即用右掌托其左臂肘關節，使其腳跟上浮。

2.對方上肢欲變化位置，我速提右膝蓋，猛擊其襠部或小腹，其遭打後仰，我右掌根追擊其胸。此式乃一式三用的連環招法。

【要領】

1.獨立步要沉穩，腿上提要腳尖下垂，與襠對齊，腳面繃直，踢腳動度宜小，彈勁要足，上身不可動搖。

2.兩腿交換獨立，上提下蹲務必連貫順連，膝蓋含有上靠意思。

三十四、泰山升氣

【動作】

1.承上勢。腰略右轉，右腿屈膝半蹲，左腳經右腿上方交叉出步，先腳跟外側著地，後全腳踏實；同時左掌弧形抹至右胸前，掌心朝下，指尖向右；右掌弧形下抄，置於左小腹前，掌心朝內，指尖斜向下。面朝東南，目視身體左側（圖119）。

2.右腳提起，下落置於左腳內側，重心落至右腿，屈膝下蹲；同時，腰略左轉下沉，左掌稍上提至右肩前，屈膝橫臂，掌心朝外，指尖向上，右掌下插至左胯前。目視左下方（圖120）。

3.左腳提起，上體向左側身，快速向右抖腰，左腳向左後蹬腳，高同膝蓋。同時，右掌向右上方發勁捌出，掌心斜朝上，指尖斜向外，稍高於頭；左掌沿左腿下捌，置

圖 119

圖 120

於左腳外側，掌心朝下，指
尖斜向前，目視左腿。自頭
至腳，自右掌至左掌，形成
斜一字。體朝東南，蹬腳向
東北，右掌向西南，背朝西
北（圖121）。

【用法】

　　1. 對方從左側用掌按
擊我胸肋，我順其來勢，沉
腰鬆胯，往右移步，以避力
點。

　　2. 對方上步進逼，我
側身轉體，速提左腳，直蹬

圖 121

其膝蓋；同時左掌猛捌敵手。右掌上捌，以增強左腳、左

掌的彈性力量，擊其後倒。

【要領】

1. 右掌前挒、勁點在前臂橈側，左掌下挒，勁點在尺側，左腳後蹬，勁點在腳跟。

2. 右腿半蹲要穩固，呼氣出聲、發勁乾脆利落，後蹬前挒要協調一致。

3. 自頭至腳，自右掌至左掌，身體呈斜一字形。

三十五、斜飛式

【動作】

1. 承上勢。左腳下落至右腳內側，腳尖朝南，腰略左轉，重心移至左腳；同時，右掌內旋，弧形下捋，置於左胯前，掌心斜朝裡，指尖斜向下；左掌外翻轉內翻，弧形上抄至右肩前，橫臂亮掌，掌心朝右，指尖向上（圖122）。

圖 122   圖 123

2.右腳提起，向西南方向出腳，成右弓步；右掌內旋向右前方挒出，掌心朝上，指尖向前，指與眉齊，左掌弧形下採，置於左胯外側，掌心朝下，指尖向前，體斜30度。面向西南，目視右掌前方（圖123）。

【用法】

1.對方用左掌從右側擊我面鼻，我腰稍左轉避其力點，出左掌接粘其腕關節向後採。

2.立即上右腳，封住其前腳，迅速轉腰下沉，重心上移，以後肩外側靠其左胸下肋，右臂挒其頸項。在靠勁將出之際，我左手立刻放開對方之手，使靠勁更為得力。

【要領】

1.此式由採、挒、靠三勁組成，走架以挒勁為主，要顯出三勁神形。

2.右腳出步，右肩含靠勁，左掌含採意；右掌挒出，勁點在右臂橈側，位置在右腿外上方；上身略前傾30度。

3.以橫旋擰腰扣進胯根，形成右弓步。

三十六、提手上勢

【動作】

1.承上勢。腰略右轉下沉，右胯根裡收，左腳跟半步，下落在右腳內踝後，腳掌著地；右掌內旋，弧形下沉，置於右腹前，掌心朝下，指尖向左；左掌外旋，弧形上抄至鼻前，掌心翻向裡，指尖向右。面朝西偏南（圖124）。

2.重心後坐，左腳全腳踏實，右腳稍向外移，腳跟著地，腳尖上翹，成右虛步；右掌外旋，轉小圈，掌心翻上，自下上托，置於鼻前，與眉同高；左掌翻下，按至胸前，指尖斜向前。面朝西南，目視右指前方（圖125）。

【用法】

圖 124　　　　　　　　圖 125

1.對方迎面擊我胸，我體左轉偏其力點，以左掌腕背掤化其拳，隨之翻掌採其腕，左腳跟步接近其身。

2.右掌立即上提托住其肘，左掌下壓，右腳踏住敵腳，三力合一，向前推，其必後倒。

【要領】

1.頭頂上領，沉腰斂臀；右腳掌含下踩意。

2.左掌勁在掌心，右掌勁在掌根；左掌下按，右掌上提，合勁協調前送。

三十七、白鶴亮翅

【動作】

1.承上勢。腰略下沉左轉，左胯向裡扣，右腳略提，向右後撤步，腳尖內扣90度，重心移至右腳；左腳向左移，腳掌著地，腳尖向東，成左虛步；同時，右掌內旋，弧

形下抄至右胯前，掌心朝外，指尖向下；左掌稍向右上移，屈肘橫臂，置於右肩前，掌心朝裡，指尖向右。面朝東偏南，目視左掌外方（圖126）。

2. 腰向左轉，左掌略內旋，移至胸前，掌心對胸，指尖向右；右掌隨腰帶至腹前，掌心朝外，指尖向下。目視右肩外方（圖127）。

3. 腰向右轉，右臂外旋，右掌向右上舉，高於右額，掌心朝內，指尖向上；

圖 126

左掌向左下採，置於左胯前；腰略左轉，右掌翻外，指尖向上。面朝正東，目視前方（圖128）。

【用法】

1. 對方用左掌抓我右臂上節，我旋臂下沉，收胯沉腰向左轉體將其化開，出左掌拿其腕部，右臂插入其腋下，左腳尖踮起，向右轉腰上拔，將其吊起倒於右後方。

2. 對方用拳擊我右面部，我轉腰向左，右臂自左下往右上，腰立即回轉將拳捌化，同時旋臂轉掌，以右掌根反劈其面部。

【要領】

1. 右腳後撤，重心右移時，含有套腳、肩背後靠之意，並出其形，勁在肩背；向左轉身，左手帶回時，含有內肩靠之意，勁在右肩前側。

圖 127　　　　　　　　　　圖 128

2.提手亮掌，先由右臂橈側領勁，繼轉至尺側；左掌意有採勁。

3.頭頂上領，神態隨勁顧盼前視，臀部之勁下貫至腳跟，上身有上拔之意，立身中正安舒。

三十八、摟膝拗步

動作、用法、要領同第五式。

三十九、海底珍珠

【動作】

1.承上勢。重心略上移，右腳跟步，落於左腳內踝後，腳掌著地；右掌變拳，向後抽至胸前，拳心朝左，拳眼向上；左掌向前上提至右臂內側，掌心朝右，指尖斜向上（圖129）。

2.重心後移，右腳全腳踏實，重心下坐，右腿屈膝全

圖 129　　　　　　　　　圖 130

蹲，上身前傾不要超過 45 度；右拳同時向下栽，拳面朝下，拳眼向前，置於襠前；左臂屈肘，左掌豎立於胸前，掌心斜朝前，指尖向上。面朝正東，目視左指尖前方（圖 130）。

【用法】

1. 對方用右手抓我右臂，我順勢右腳跟步，臂往前送，旋臂翻掌反拿其右腕，以我左前臂尺側壓封其肘。

2. 立即沉腰扣襠，右腿屈膝下蹲，右手快速下採其腕，左臂下壓其肘，其必拔跟前倒或對抗後仰倒地。

【要領】

1. 下蹲時，上身前傾不要太過，背腰忌出弓形。

2. 頭部不要俯仰，臀部與後腳跟對齊，側身45度。

四十、扇通臂

【動作】

1.承上勢。上身拔起，腰略右轉，左腳內收至右腳大趾內側；同時，右拳變掌，弧形上提，置於右額旁，掌心朝左，指尖向前；左掌上移，附於右腕內側，掌心朝右，指尖向上。面朝向南，目視東南方向（圖131）。

2.右腿半蹲，左腳向左前方邁步，成左弓步；左臂內旋，掌心翻外，向前按出，指尖向上，置於胸前，高與肩平；右掌向前按至右額前方，掌心朝外，指尖向前。身朝東南，面朝正東，目視左掌前方（圖132）。

【用法】

1.對方被我下採之手用力對抗上拉，我即順其勢，隨其勁，起身右轉，將其手上提，使其氣浮。

2.對方抗勁後拉，我立即順勢跟勁，右手放開其手，

圖 131

圖 132

同時左腳上步，左掌猛按其胸，合其之力，其必後倒。

【要領】

1.上身不要前俯，右臂防止抬肘，兩掌前後分明，勁點在兩掌小魚際。

2.兩掌按出前，先上左腳站穩，再抖腰發勁。按出時，不可手腳同時前進。

3.虛領頂勁，立身中正，兩肩平穩，肩胯相合。

四十一、撇身捶

【動作】

1.承上勢。向右轉腰，重心移至右腳，左腳尖內扣90度，重心復移至左腳，成左側弓步；左掌隨腰而動，由前向上弧形上托至左額上方，掌心朝前，指尖向右；右掌向後劃弧，回轉至胸前變拳，橫臂屈肘，拳心朝下，拳眼向裡。目視左掌，面朝正南，神顧右後（圖133）。

2.向右轉腰，右腳提起，向西北方向出步，腳跟著地；右拳外旋，弧形上舉至右額前方，拳心朝裡，拳眼向外；左掌弧形沿右前臂外側，自上而下摟至右肘外側（圖134）。

3.腰略左轉，右拳向右前方撇出，高與鼻平，拳心朝上，拳眼向外；同時，左掌從右肘下摟出，後抽至左胸旁，掌心朝右，指尖向前。面朝西北，目視右拳前方（圖135）。

4.重心上移，成右弓步，同時，左臂內旋，左掌向前推出，高不過肩，掌心斜朝前，指尖向上；右掌向後抽至右腰旁，拳心朝上，拳眼向外。目視左掌前方（圖136）。

5.向左轉腰，重心復移至左腳，右腳跟外撇45度，成左側弓步；同時，右臂內旋，右拳向西北方向打出，拳心

圖 133

圖 134

圖 135

圖 136

朝左，拳眼向上；左拳弧形
後抽，置於左胯外側，掌心
朝下，指尖向前。面朝正西
，目視右拳前方（圖137）。

圖137

【用法】

1. 對方用右拳擊我上
胸口，我右臂後抽下壓拿住
其腕，其左拳被化，用右拳
擊我頭部，我左拳插進其右
臂下向上托起，旋即前抬，
拔起其重心，促其後倒。

2. 對方從右後方用掌
抬我右肘，我略向右轉腰，
旋臂翻拳，左手將對方之手
攦下，右拳隨勢撇打對方鼻梁，隨即左掌按出，接上右拳
橫擊。

【要領】

1. 右掌向右側身用彈勁撇出，高不過鼻，臂外旋角度
宜小，勁點在拳背。

2. 左按掌、右側身橫衝拳，發勁打出要連貫。兩次出
拳，重心皆在左腳，以調節腰襠勁發出彈性。

3. 腰襠勁要與上身、上肢配合，轉換須靈活；身體要
中正，頂勁上領，眼引拳掌。出拳呼氣兩臂一發即鬆，不
可僵硬。

四十二、進步搬攔捶

動作、用法、要領同第十一式。

四十三、動步攬雀尾

動作、用法、要領同第三式。

四十四、單鞭

動作、用法、要領同第二十八式。

四十五、雲手

【動作】

1. 承上勢。向右轉腰，重心移至右腳，左腳尖內扣90度，成右側弓步；右勾變掌，向右後平抹，下沉至右肩外側，掌心朝下，指尖向外；左掌由左前弧形向下、向右運至右腹前，掌心斜朝下，指尖向右。面朝南偏西，目視右掌方向（圖138）。

2. 向左轉腰，重心左移，成左側弓步；同時，左掌弧形上運至胸前，掌心朝裡，指尖斜向上，與鼻同高；右掌弧形下運至腹前，掌心斜朝裡，指尖斜向左。面朝東南，

圖 138　　　　　　　　圖 139

圖 140

圖 141

目視左指前方（圖139）。

　　3.腰略左轉，右腳提起，弧形移步，落於左腳內側，成小開步；向右轉腰，左掌弧形下運置於左胯外側，掌心斜朝下，指尖斜向外；右掌弧形上運至胸前，掌心朝內，指尖斜向上，與鼻同高。面朝南偏西，目視右食指前方（圖140）。

　　4.腰略右轉，右臂內旋，右掌弧形下運至右胯外側，掌心斜朝下，指尖斜向外；左掌經腹前弧形上運至右胸前，左腳提起，側形出步，腳掌著地（圖141）。

　　5.向左轉腰，重心移至左腳，成左側弓步，左掌弧形上運至胸前，掌心朝裡，指尖斜向上，與鼻同高；右掌隨腰轉運至腹前，掌心斜朝裡，指尖斜向左。面朝南偏東，目視左掌食指尖前方（圖142）。

圖 142

圖 143

6.腰略左轉,右腳提起,向裡移步,落於左腳內側,成小開步;同時,左掌弧形下運至左胯外側,掌心斜朝下,指尖斜向外;右掌經腹前弧形上運至左胸前,掌心朝裡,指尖斜向上,與鼻同高。面朝南偏西,目視右食指前方(圖143)。

用法同第四式。

【要領】

1.兩掌輪流上運,有吊捌之意,其勁點在腕上橈側;下運之掌含有採意,勁點由掌心轉至五指。

2.左右轉腰時,上身保持正直,不要搖擺;從左至右,從右轉左,旋轉不要超過90度。

3.出腳、移步皆走後弧形,有橫靠之意,腰胯勁轉要得法,勁落腳跟。

說明：雲手共4次，上述動作只是2次。可照此重複做2次。

四十六、單鞭

動作、用法、要領同第二十八式。

四十七、高探馬

【動作】

1.承上勢。重心略上移，右腳提起跟半步，落於左腳內踝後，腳掌著地；右掌掌心上翻，掌心斜朝裡，指尖向前；左臂外旋，左掌心翻上（圖144）。

2.重心後坐，右腳全腳踏實；腰略左轉，右掌內旋下翻後向前探出，掌心指尖均斜向前，指尖與鼻同高；左掌後抽，置於腹前，掌心朝上，指尖向前；左腳略向前移，腳掌著地，成左虛步。面朝正東，目視右掌探出前方（圖

圖 144

圖 145

145）。

【用法】

1.對方用左手抓我左掌，我轉腕翻掌，拿其來手，隨勢跟步，立即重心後移，左手向後抽牽，牽動其重心。

2.右掌前探，右肘尖壓其左肘，掌根擊其鼻或指插其目。

【要領】

1.右掌前探，指尖領勁，右前臂沉勁前移，勁在肘端尺側，向前下滾銼；左掌上托，勁在掌中。

2.臂部之勁貫到後蹲腿腳跟，胯根內斂；前腳掌有下踩意思，含胸拔背，呼氣放勁。

四十八、右分腳

【動作】

1.承上勢。腰略右轉，左腳提起向裡收，經右腳內踝向後、向左撤步，成右虛步；同時左掌經右胸前，弧形下捋至左腹前，掌心朝上，指尖斜向右；右掌向右外劃平弧，向左捋至胸前，掌心朝下，指尖斜向右。面朝東偏南，目平視前方（圖146）。

2.向右轉腰，重心移至右腳，成右弓步；右掌弧形下沉，稍向裡收；左掌由右掌背向右前方穿出，掌心朝上，指尖向右前，腕與肩同高。面朝東南，目視左掌前方（圖147）。

3.重心後移至左腳，左腿自然起立，右腿屈膝提起，成左獨立步；同時，左臂內旋，兩掌弧形分開，掌心均朝外，左掌向左、右掌向右劃立圓；兩臂皆外旋，兩掌向胸前抱合，右掌在外，兩腕交叉，掌心朝裡。面朝正東，目視前方（圖148）。

圖 146

圖 147

圖 148

圖 149

4.右腳向東南方向伸展分出，腳面繃平；兩臂皆內旋，兩掌左右分開，掌心均翻向外，指尖向上，腕與肩同高，右掌與右腳面成垂直。面朝東，目視右掌前方（圖149）。

【用法】

1.對方用左手欲拿我左手，我即翻掌，反搭其手，上右手搭其肘部，沉腰撤步，向左後下捋，其必失重心前倒。

2.對方如抗勁後拉，我右掌拿壓其臂，重心上移，左掌穿插其胸或咽喉。

3.對方用拳直擊我面部，我自內圈分掌，將其撇出，立即用右腳踢其胸腹。

【要領】

1.捋穿動作要順和連貫，分腳時要先提大腿，後出小腿，以大腳趾領勁，快速發勁外踢，一發即收；獨立腿要穩定，上身不可搖擺。

2.交叉手分開，勁由腕上橈側轉至尺側；至終點，兩掌以小魚際為力點快速向外推。

四十九、左分腳

【動作】

1.承上勢。左腿屈膝下蹲，右腳下落，經左腳內側向右後方撤步，先腳掌著地後全腳踏實，重心移至右腳，成左虛步；腰向左轉，右臂外旋，右掌經左胸前弧形下捋至右腹前，掌心朝上，指尖斜向左；左掌弧形下捋，置於胸前，掌心朝下，指尖向前。目視左掌前方（圖150）。

2.向左轉腰，重心上移至左腳，成左弓步；同時，左臂稍下沈向裡收，掌心朝下，指尖向右；右掌經左掌背向左前方穿出，掌心朝上，指尖斜向左，腕與肩同高。面朝

圖 150

圖 151

東北，目視右掌前方（圖151）。

3.重心後移至右腳，右腿自然起立，左腿屈膝提起，成右獨立步；右臂內旋，兩掌弧形分開，掌心均朝外，右掌向右、左掌向左劃立圓；兩臂皆外旋，兩掌向胸前抱合，左掌在外，兩腕交叉，掌心朝裡。面朝正東，目視前方（圖152）。

4.左腳向東北方向踢出，腳面繃直，同時兩臂內旋，兩掌左右分開，掌心翻向外，指尖向上，腕與肩同高。面向東北，目視左掌前方（圖153）。

用法、要領同上式。

五十、轉身左蹬腳

【動作】

1.承上勢。右腳以腳掌為軸，向右轉180度，左腳下

圖 152

圖 153

落於右腳內側，腳尖點地，
成丁字步；兩臂外旋，兩掌
劃立圓向胸前抱合，左掌在
外，兩腕交叉，掌心皆朝裡
，指尖斜向上。面朝正西，
目視西南方向（圖154）。

　　2.右腿自然起立，左腿
屈膝提起，成右獨立步；右
臂內旋，兩掌弧形分開，掌
心均朝外，右掌向右、左掌
向左劃立圓，向胸前抱合，
左掌在外，掌心皆朝裡。面
朝西，目視前方（圖155）。

圖 154

圖 155

圖 156

3.左腳向正西方向蹬出，腳跟為著力點（圖156）。

【用法】

1.對方從右後用拳擊我，我收胯沈腰，向右轉身，避其力點，使其拳落空。

2.對方另出右拳擊我胸部，我左掌從內圈外分，撇開其拳，用左腳跟蹬其腹部。

【要領】

向右轉身須圓活，右腳支撐要穩固；左腳先提大腿，後蹬小腿，腳跟出勁，快速蹬出，不宜過高，上身不要動搖。

五十一、摟膝拗步

【動作】

1.承上勢。左腳下落至右腳內側，屈膝半蹲，右腳提

圖 157　　　　　　　圖 158

起，向右前邁步，腳跟著地，成右虛步；同時，左掌劃弧回旋，置於左耳外側，掌心斜朝下，指尖向前；右掌回落，弧形抄至腹前，掌心斜朝裡，指尖斜向下。面朝西偏南，目視左掌（圖157）。

2.腰略右轉，重心上移，右腳踏實成右弓步；同時，右掌向右膝摟出，置於右膝外側，掌心斜朝下，指尖向前；左掌向前按出，與肩同高，掌心斜朝前，指尖向上。面朝正西，目視左掌前方（圖158）。

用法、要領同第五式。五十二、上步栽捶

【動作】

1.重心後移，向右轉腰，右腳尖外撇45度；右臂外旋，右掌弧形上提至右肩外側，掌心斜朝上，指尖向外；左

掌弧形回帶至胸前，掌心朝
裡，指尖向右。目視右掌方
向（圖159）。

2. 腰略左轉，重心上
移，右腳全腳踏實；左腳提
起，經右腳內側向左前方邁
步，先腳跟著地；左掌下抹
至腹前，右臂屈肘內旋，右
掌變拳裡收，置於右耳外側
；左掌翻向內，掌心斜朝下
，指尖向前。面朝西，目視
右拳（圖160）。

3. 向左轉腰，重心上

圖 159

圖 160

圖 161

移，左腳全腳踏實，成左弓步；同時，左掌向左膝摟出，置於左膝外側，掌心朝下，指尖向前；右拳向前弧形下栽，拳面朝下，拳心向內，位於襠前，略低於膝，距離稍出左腳尖，上身前傾40度。面向正西，目視右拳下栽（圖161）。

【用法】

1. 對方用前腳踢我左膝，我略轉腰，重心上移，左掌摟拿其來腳的踝關節，向上提起，其獨腳支撐不住，向右倒地，我立即右拳下栽打其胸腹。

2. 對方從右側方向襲我頸項，我即側身上右腳搶站其腳之前，立即出左腳向前邁步；同時右手翻掌向後，抓住其項後衣領，向前下栽，右腿突然伸直，膝後委中穴後撐其膝部，使其拔根前俯，上向前下壓，下向後上拔，對方必前地仆倒。

【要領】

1. 右拳下栽，拳要低於左膝蓋，並要略超出膝蓋。上身前傾40度，不可駝背，低頭，突臀，身軀成斜一字，頭頂百會，襠中會陰要保持垂直。

2. 俯身拳下栽，與後腿自然伸直、委中穴後撐要同時完成，左掌摟出，右拳下栽，左弓步形成，務須同時到位，上下左右、前後動度要協調一致。

3. 意念與神態要隨勢轉換，右腳上步，左腳邁步，均有占位置之意；右拳向前下栽，右腿伸直後撐，要含有前下壓、後上抬的意向，右掌翻轉在右耳側變拳，眼神顧注掌變拳的形成，然後引向前下方，同時盼注左掌摟出。走架不能用拙力，皆用意識，意動勁換，可謂意到氣到，氣到勁到，使整體達到完整舒適的練拳要求。

五十三、雙叉手

【動作】

1. 重心略上移，右腳提起跟半步，落於左腳內踝後，先腳掌著地，腰略右轉，重心後移至右腳踏實；左腳尖點地，成左虛步；同時，兩掌弧形向上提，置於胸前，掌心朝裡，指尖相對，臂呈弧形（圖162）。

2. 左腳提起，向左前方邁步，先腳跟著地，腰略左轉，重心迅速上移，成左弓步；同時，兩臂內旋，掌心外翻，反掌發勁打出，高與肩平，兩掌心皆朝前，指尖相對，兩臂撐圓。面朝正西，目視前方（圖163）。

【用法】

對方兩掌推我胸部，我即鬆胯沉腰，搶步占住中心；同時兩掌從對方兩臂中間插入，兩臂撐開，化開其兩臂，

圖 162

圖 163

其無從著力，兩手翻掌，腰力前攻，將其按出。

【要領】

1. 兩肩要下沉，兩肘要撐而不抬，兩臂撐圓。翻掌無需太過，以防腕關節別扭，掌高不過肩。

2. 弓步形成，腰力前攻，翻掌按出必須是一股勁，同時到位；兩腳中間距離不宜過寬。

3. 用意貫勁，勁起右後腳跟外側，經腰脊，直達兩掌小指側，翻掌按出切莫僵硬。運氣自然，呼氣發掌，要有出招必勝的精神風貌。

五十四、轉身二踢腳

【動作】

1. 向右轉腰，重心後移，左腳尖內扣90度，左臂外旋，屈肘橫臂攔於胸前，掌心朝下，指尖向右；右臂外旋，右掌向上向裡收，置於右胸上方，掌心斜朝前，指尖斜向上（圖164）。

2. 重心上移，左腳全腳踏實，右腳提起上踢，腳面繃直；同時，右掌前伸，下拍右腳面。面向北，目視前方（圖165）。

3. 右腳下落於左腳內踝後，重心移至右腳；右掌弧形裡收，屈肘橫臂攔於胸前，掌心朝左，指尖向左；左掌弧形上提至左胸前上方，掌心斜向前，指尖斜向上（圖166）。

4. 左腳提起上踢，同時左掌前伸拍打左腳面（圖167）。

【用法】

對方用左拳打我頭面，我即右掌上提，右偏，化開其拳，立即起右腳，以腳尖踢其胸膛。對方用右拳打我頭面

圖 164

圖 165

圖 166

圖 167

，我以左掌上提，左偏，化開其拳，起左腳踢其胸膛。

【要領】

1.左右支撐腿要穩固，上身不要搖擺，踢腳要一踢即收；左右兩掌先後上提，不要聳肩，肘不外張，掌下拍時，掌心小指側要有向外打之意。

2.精神貫注拍腳前方，形在拍腳，意貫外方，有掌劈敵方頭額之意，以達到動短、意遠、勁長的出掌目的；掌上提，勁在前臂外側，此為掤勁。掌拍出時，勁轉至腕下尺側，此為捌勁；上踢之腳，勁在腳大趾。

五十五、左披身打虎

【動作】

1.左腳下落至右腳內側，腳尖點地，成丁字步；左掌弧形回抽至左肋前，掌心朝下，指尖斜向右，右掌下移至右腹外側（圖168）。

2.左腳向左前邁步，先腳跟著地，隨腰左轉，重心上移，全腳踏實；左臂內旋，左掌變拳，向左後自下而上劃弧貫拳，置於左額前方，拳心朝外，拳眼向下；右掌變拳外旋，向右後劃弧回轉，置於腹前，拳心朝裡，拳眼向上，兩拳眼相對，兩臂呈弧形。面朝西北，目視前方（圖169）。

【用法】

對方用兩拳，同時從左右側擊我，我立即沉腰轉胯，側身搶占位置。兩手握拳，進入對方兩臂內圈，立即撐前臂，將其兩臂化至外圈，使其無從著力；重心快速上移，靠近其身，同時左拳翻轉，貫打其右額；右拳橫打其胸肋，上下拼擊，迫其後倒。

【要領】

圖 168　　　　　　　　　圖 169

1. 兩拳上貫下擊，不可抬頭仰體，也不要低頭俯身，
要頂勁上領，立身中正；兩臂外撐，兩肘只張不抬。

2. 意動勁換，兩手進入對方內圈，勁貫兩臂外側，兩
臂撐開，勁轉至肘下尺側，兩拳打出，勁達拳面，眼神嚴
而不威，直逼前面。

五十六、右披身打虎

【動作】

1. 向右轉腰，重心後移至右腳，左腳尖內扣135度；
重心復移至左腳，左腳略右移，腳尖點地，成丁字步；兩
臂外旋，兩拳回落，置於兩腰旁，拳心朝上，拳眼向外。
面朝東南（圖170）。

2. 右腳提起向右後出步，成右弓步；右臂內旋，右拳
向右後，由下而上劃弧形貫拳，置於右額前方，拳心朝外

圖 170

圖 171

，拳眼向下；左臂內旋，左拳向左後劃弧，置於腹前，拳心朝裡，拳眼向上，兩拳眼相對，兩臂呈弧形。面朝西南，目視前方（圖 171）。

用法、要領同上式。

五十七、左蹬腳

【動作】

1.向右轉腰，重心後移，右腳外撇45度，重心復移至右腳，左腳提起，成右獨立步；兩拳變掌，向外劃弧，回轉，抱合在胸前，左掌在外，掌心朝內，左指尖斜向右，右指尖斜向左（圖172）。

2.左腳向南快速蹬出；同時，兩臂均內旋，向外分開，腕與肩同高，掌心朝外，指尖向上。方向朝南，目視前方（圖173）。

圖 172

圖 173 ─ ①

【用法】

對方以右掌打我左臉部，我即用左掌向左外化開，提左腳猛蹬其胸。

【要領】

1. 立身中正，支撐腿要穩定，肩要沉，肘要下垂。

2. 分掌勁在兩掌腕上小指側，蹬腳要先提大腿後出小腿，蹬出要有彈性。

3. 目略斜視左分掌方向，頭不可仰起。

五十八、雙峰貫耳

圖 173 ─ ②

【動作】

右腳以腳跟為軸，向左轉135度，由南轉向東北，右腳下蹲，左腳向前邁步，先腳跟著地，隨重心上移，全腳踏實，成左弓步；同時，兩掌變拳外旋，向下經右膝向外轉裡弧形置於兩額前方，寬與頭同，拳心轉朝外，拳眼向下。面朝東北，目視前方（圖174）。

圖 174

【用法】

1.對方俯身用兩手欲抱我左腿，我即提膝蓋，兩掌下壓其後腦，用合力打撞其鼻子。

2.對方碰鼻後仰，我即落腳相隨，兩拳貫合，擊其頭部耳上兩側。

【要領】

1.左膝上提與胯同高，兩掌下壓與膝上提要一致，眼神要視兩掌下壓。

2.左腳下落，重心上移，身體不要前俯，頂勁上領，襠勁下沉，兩貫拳勁點在食指基節。

3.兩拳向前貫合，兩臂要撐圓，兩肘不可上抬，保持沉肩，目光從兩掌中間視出。

五十九、右蹬腳

【動作】

1.向右轉腰，左腳尖內扣45度，重心復移至左腳；右

圖 175　　　　　　　　圖 176

腳略右移，腳掌著地，成右虛步；同時，兩臂外旋，兩拳
變掌，向外劃立圓，回轉抱合置胸前，右掌在外，掌心均
朝裡，左指尖斜向右，右指尖斜向左。面朝東南（圖175
）。

　　2.右腳提起，向右前蹬出；同時，兩臂內旋，兩掌分
開，腕高與肩平，掌心均朝外，指尖向上。面朝東南，腳
蹬向南，目視右掌前方（圖176）。

　　用法、要領同第五十式。

　　六十、轉身左蹬腳

　　【動作】

　　1.右腳下落於左腳內踝後，重心即移至右腳，向右轉
身180度；左腳以腳跟為軸，腳尖內扣135度；重心復移
至左腳，右腳尖外撇135度；重心再移至右腳，兩掌劃立圓

圖 177　　　　　　　　　圖 178

抱合，置於胸前（圖177）。

2.左腳提起，向東偏北方向快速蹬出，同時，兩掌快速分開（圖178）。

用法、要領同第五十九式。

六十一、進步雙捶

【動作】

1.左腳下落於右腳內側，腳尖點地；左右兩掌皆弧形下落至小腹前，掌心朝下，指尖斜向前（圖179）。

2.左腳提起，向左前方邁步，成左弓步；左臂外旋，左掌隨重心上移，向左膝前撩掌，掌心斜朝前，指尖斜向下；右掌略後移，置於右胯外側。面朝正東，目視左掌前方（圖180）。

3.向左轉腰，重心後移，左腳尖外撇45度；左臂內旋

圖 179　　　　　　　　圖 180

，左掌向後抽至左腿外側，掌心翻下，指尖向前；右臂外旋，右掌心翻轉朝前，置於右胯外側。面朝正東，目顧右掌（圖181）。

4.重心上移至左腳，右腳提起，向右前方邁步，成右弓步；右掌向右膝前撩掌，掌心斜朝前，指尖斜向下；左掌後移，置於左胯外側，掌心斜朝後，指尖斜向下；左掌後移，置於左胯外側，掌心斜朝後，指尖斜向下。面朝正東，目視右掌撩出方向（圖182）。

5.腰略右移，右腳尖外撇45度，重心復移至右腳；左腳提起，向左前方邁步，先腳跟著地；同時，右臂內旋，右掌回抽，置於右腹前，掌心朝內，五指捏攏下墜；左掌劃弧回轉，置於左腹前，掌心朝裡，五指捏攏下墜（圖183）。

圖 181　　　　　　　　圖 182

6.快速抖腰左轉，重心上移，成左弓步；同時，左右兩勾掌，以腕根上側為力點，發勁向前打出，高與腹平，勾掌心朝裡，勾指向下。面朝正東，目視前方（圖184）。

【用法】

1.對方用右拳打我小腹，我即沉腰收胯，右腿屈膝下落，左掌由右向左橫搌化開其拳，立即上步插襠，左掌撩打其襠。對方如退撤，我隨之上步，右掌撩打其襠。

2.對方欲退，我迅速進步接近其身，以兩腕背面猛擊其腹部，使其後倒。

【要領】

1.左右兩掌先後前撩，掌要低於前弓步的膝蓋，前臂尺橈面與弓步膝蓋相對，掌心朝上，掌指要屈，含有撩陰回抓之意。

圖 183　　　　　　　　　圖 184

2. 弓步要低，塌腰扣胯，上身可略前傾30度，頭頂百會與襠中會陰要一線相通。

3. 雙捶發出要有彈性，兩臂不要伸直。兩掌五指均捏攏下垂，勁點在腕關節背面。左弓步不宜過低，上身不要傾斜，抖腰與雙捶打出要一致。

六十二、退步摟膝

【動作】

摟膝　（一）

1. 向右轉腰，重心稍後移，左腳尖內扣45度，重心復移至左腳；右腳提起，經左腳內側向右前方邁步，腳跟著地；同時，兩勾皆變掌，左臂外旋，左掌向左後方劃弧，回轉置於左耳外側，掌心斜朝裡，指尖向前；右掌劃弧內轉，置於胸前，掌心斜朝裡，指尖向左（圖185）。

圖 185　　　　　　　　　　圖 186

2.腰略右轉，重心移至右腳，成右弓步；同時，右掌經腹前從右膝摟出，置於右膝外側，掌心朝下，指尖向前；左臂略內旋，左掌向前按出，掌心斜朝前，指尖向上。方向朝南，目視前方（圖186）。

摟膝　（二）

3.向左轉腰，重心後移至左腳，右腳尖內扣135度，重心復移至右腳，左腳掌著地，成左虛步；同時，左掌弧形向後移至胸前，掌心朝裡，指尖向右，右臂外旋，右掌向右後劃弧回轉至右耳外側，掌心斜朝裡，指尖向前（圖187）。

4.左腳提起，向左前方邁步，先腳跟著地，後全腳踏實，成左弓步；同時，腰略左轉，左掌經腹前向左膝摟出，置於左膝外側，掌心朝下，指尖向前；右臂內旋，右掌

圖 187　　　　　　　　　　圖 188

向前按出，高不過身，掌心斜朝前，指尖向上。面朝正北，目視前方（圖188）。

摟膝　（三）

5. 向右轉腰，重心後移至右腳，左腳尖內扣135度，重心復移至左腳，右腳掌著地，成右虛步；同時，右掌弧形後移至胸前，掌心朝裡，指尖向左；左臂外旋，左掌向左後劃弧回轉，置於左耳外側，掌心斜朝裡，指尖向前（圖189）。

6. 右腳提起，向右前方出步，先腳跟著地，腰向右轉，重心移至右腳，右腳全腳踏實，左腳跟外撇45度，成右弓步；同時，右掌經腹前向右膝摟出，置於右膝外側，掌心朝下，指尖向前；左臂略內旋，左掌向前按出，高不過肩，掌心斜朝前，指尖向上。面朝正西，目視前方（圖190

圖 189　　　　　　　　圖 190

）。

摟膝　（四）

7. 向左轉腰，重心後移至左腳，右腳尖內扣135度，重心復移至右腳，左腳掌著地，成左虛步；同時，左掌弧形後移至胸前，掌心朝裡，指尖向右；右臂外旋，右掌向右後劃弧回轉，置於右耳外側，掌心斜朝裡，指尖向前（圖191）。

8. 左腳提起，向左前方邁步，先腳跟著地，繼續向左轉腰，重心移至左腳，左腳全腳踏實，成左弓步；同時，左掌經腹前向左膝摟出，置於左膝外側，掌心朝下，指尖向前；右臂略內旋，右掌向前按出，高不過肩，掌心斜朝前，指尖向上。面朝正東，目視前方（圖192）。

【用法】

圖 191　　　　　　　　　圖 192

1. 對方從右側用腳踢我右膝，我即沉腰轉體，撤右腳套步；同時右掌向右摟掌，拿住其右腳踝關節上提；腰立即右轉，左掌即按其胸肋，對方因獨腳支撐受按必後倒。

2. 對方從左側用腳踢我左膝，我腰即左轉，左腳裡移，即出腳跨步；同時左掌向左後摟掌，拿住其左腳踝關節上提，右掌順勢前按，擊其胸肋，迫其後倒。

【要領】

1. 出右（左）腳，要由外向內劃弧，含有套腳之意。右（左）摟掌不要抬肘，掌至終點，俯掌小指低於食指，以免僵腕聳肩；弓步胯根要內收。

2. 前按之掌，不要正面按出，要以掌側小魚際領先，食指對準鼻尖；後蹬腿要微屈，踝關節鬆開，使勁落到後腳跟外側，前按掌小魚際與後腳跟外側呈一直線。

3.兩肩保持平整,與兩胯上下合住;頂勁上領,氣沉丹田,身軀對拉拔長。

4.退步轉換務必靈活,無使有繼續之處;後退前進,高低保持平衡,不要忽高忽低。左摟右按或右摟左按,兩掌均須以眼引手。

5.摟膝方向先南、轉北,由北轉向西,再向東,均是先內扣腳尖後轉身。

六十三、掤拳撩打

【動作】

1.承上勢。右腳前提至左腳內踝後,腳尖點地;同時,右掌弧形後抽至胸前,掌心斜朝裡,指尖斜向上;左掌弧形後抽至左小腹前,掌心斜朝下,指尖向右(圖193)。

2.腰略右轉,右腳向右出步,重心迅速上移至右腳,

圖 193　　　　　　圖 194

　　左腳立即跟步震腳；同時，右臂內旋，右掌向前上發勁，置於右肩前方，腕高同肩，掌心斜朝左，指尖斜向上；左掌變拳，向前撩打，置於腹前方，拳眼朝上，拳面朝前，面朝東南，目視右掌前方（圖194）。

【用法】

　　1.對方用左拳從我右面打來，我即向右沉腰轉體，上左腳佔位置；同時左前臂向上橫掤化開其拳。

　　2.向左抖腰，右腳跟步，震腳助勢；右拳發勁，猛擊其腰腹，擊其後倒。

　　3.對方用右拳從我左面打來，我即向左沉腰轉體，速上右腳占住位置；同時右前臂向上橫掤化開其拳。

　　4.向右抖腰，左腳跟步，震腳助勢，左拳發勁撩打其腰腹，將其擊出。

【要領】

　　1.左（右）前臂上掤，臂要有明顯內旋，勁點隨動而轉換，先在腕背下尺橈部，即轉至尺側，使掤勁帶有上提之感；掌心不要外翻，以免掤按不清；左（右）腳上步，橫向距離宜小，保持步法緊湊。

　　2.左（右）跟步震腳，腳不要提得過高，下震之腳發聲要脆、響，上身不要有下坐之形；向左（右）抖腰發勁，動度宜小，拳隨腰出。發拳要動短勁長，氣足力猛；臂宜屈肘，不要伸直，勁起後腳腳跟，力達拳臂。

　　3.保持虛靈頂勁，上身不可前俯後仰，要尾閭中正，以眼引手，動作至終點，眼神嚴而不威，直逼對方。

　　4.四角掤撩，轉換需靈活連貫，動作要節奏有序，方向分明，把住三合，運氣得法，不致氣喘，不用拙力，富有彈性。

六十四、墊步按

【動作】

1. 承上勢。腰略左轉下沉；同時，左掌弧形後移至胸前，掌心朝內，指尖斜向左，左拳變掌，向後抽至左腰側（圖195）。

2. 腰略右轉，右腳上步，左腳立即跟步震腳；同時，右臂內旋，右掌發勁向前按出，置於右肩前方，腕與肩同高，掌心斜朝外，指尖向上；左掌發勁向前按至右掌左下方，掌心斜朝外，指尖向上。面朝東南，目視右掌前方（圖196）。

【用法】

對方遭我掤撩打擊後仰或倒退，我趁其退勢即上步進逼，跟步震腳發勁按擊，前掌外翻，以彈勁按其胸部，後

圖 195

圖 196

掌發勁按其腹部，使其退之愈促，立足不穩而倒地。

【要領】

1.上下兩掌按出，兩臂呈弓形，兩肘下墜，發勁按出，要以腰勁催力，動度要短，勁要內含向前，兩腕不要僵硬；按掌勁點在小指側小魚際，發掌要有彈性和韌性。

2.兩掌前按與跟步震腳務必協調、同時到位，不能有時間差，兩肩微向前捲，以助強前攻之力。

3.上體向正前方側身45度，不要正面按掌，以免影響勁力的發揮，身體保持正直。臀部不要外突；震腳下蹬，上身無有下蹲之現象，高度保持平衡，提腳要低，震腳要響亮，動短聲脆，增強神氣，以助發力。

六十五、掤拳撩打

【動作】

圖197

圖198

1.承上勢。向左轉腰，右腳尖內扣135度；同時，左臂外旋，左掌弧形上抄至胸前，掌心斜朝裡，指尖斜向右；右臂外旋，右掌向左劃弧下轉至右腹側，掌心斜朝下，指尖向左（圖197）。

2.腰略左轉，左腳向左前出步，右腳立即跟步震腳，同時，左臂內旋，左掌向前上掤發勁，置於左肩前方，腕高同肩，掌心斜朝裡，指尖斜向上；右掌變拳，向前撩打至腹前方，拳眼朝上，拳面向前。面朝西北，目視左掌前方（圖198）。

用法、要領同第六十三式。

六十六、墊步按

【動作】

1.承上勢。腰略左轉，左掌弧形後移至胸前，掌心朝

圖199   圖200

內，指尖斜向右；右拳變掌，向後抽至右腰側（圖199
）。

2. 腰略右轉，左腳上步，右腳立即跟步震腳；同時，左臂內旋，左掌發勁向前按出，置於左肩前方，腕與肩同高，掌心斜朝外，指尖向上；右拳變掌（發勁）向前按至左掌右下方，掌心斜朝外，指尖向上。面朝西北，目視前方（圖200）。

用法、要領同第六十四式。

六十七、掤拳撩打

【動作】

1. 承上勢。向右轉腰，左腳尖內扣135度；同時，右臂外旋，右掌弧形上抄至胸前，掌心斜朝裡，指尖斜向左；左臂外旋，左掌向右劃弧下轉至左腹側，掌心斜朝下，指尖向右（圖201）。

圖 201

圖 202

2.腰繼續右轉，右腳向右後出步。重心迅速移至右腳，左腳立即跟步震腳；同時，右臂內旋，右掌向前上挪發勁，置於右肩前方，腕高同肩，掌心斜朝左，指尖斜向上；左掌變拳，向前撩打，置於腹前方，拳眼朝上，拳面朝前。面朝西南，目視右掌前方（圖202）。

用法、要領同第六十三式。

六十八、墊步按

【動作】

1.承上勢。腰略左轉，右掌弧形後移至胸前，掌心朝裡，指尖斜向左；左拳變掌，向後抽至左腰側，掌心斜朝下，指尖向右（圖203）。

2.腰略右轉，右腳上步；左腳立即跟步震腳；同時，右臂內旋，右掌發勁向前按出，置於右肩前方，腕與肩同

圖 203 圖 204

高，掌心斜朝外，指尖向上。面朝西南，目視右掌前方（圖204）。

用法、要領同第六十四式。

六十九、掤拳撩打

【動作】

1. 承上勢。向左轉腰，右腳尖內扣135度，同時，左臂外旋，左掌弧形上抄至胸前，掌心斜朝裡，指尖斜向右；右臂外旋，右掌向左劃弧下轉至右腹側，掌心斜朝下，指尖向右（圖205）。

2. 重心落至右腳，左腳向左前出步，重心迅速移至左腳，右腳立即跟步震腳；同時，左臂內旋，左掌向前上發勁，置於左肩前方，腕高同肩，掌心斜朝右，指尖斜向上；右掌變拳，向前撩打，置於腹前方，拳眼朝上，拳面向

圖 205

圖 206

前。面朝東北，目視左掌前方（圖206）。

用法、要領同第六十三式。

七十、墊步按

【動作】

1.承上勢。腰略右轉，左掌弧形後移至胸前，掌心朝裡，指尖斜向右；右拳變掌，向後抽至右腰側，掌心斜朝下，指尖向左（圖207）。

2.腰略左轉，左腳上步，右腳立即跟步震腳；同時，左臂內旋，左掌發勁向前按出，置於左肩前方，腕與肩同高，掌心斜朝外，指尖向上；右拳變掌發勁向前按至左掌右下方，掌心斜朝外，指尖向上。面朝東北，目視左掌前方（圖208）。

用法、要領同第六十四式。

圖207　　　　　　　　圖208

七十一、雙撩中心掌

【動作】

1.承上勢。左腳向前移步，重心上移至左腳，成左弓步，同時，右臂外旋，右掌心翻上，劃立圓向前下撩掌，回轉，掌心翻下，後移至右腹前；腰略右轉，左臂外旋，左掌心翻上，立弧下落，經左腿上側向前下撩，轉立圓上提，置於左肩前方，掌心朝上，指尖向前（圖209）。

2.右腳提起，震腳下落至左腳內踝後，左腳稍前移，腳跟著地，成左虛步；同時，左臂內旋，左掌上挑，置於左胸前，腕高同肩，掌心朝右，指尖向上；右掌變拳，直線前打，置於左肘下，拳眼朝上，拳面向前。面朝正東，目視前方（圖210）。

圖 209　　　　　圖 210

【用法】

1.對方用左拳打我右腰部，我即沈腰收胯，右臂向右下掤出，化開其拳，即上左腳搶位，右掌進入對方襠下撩之，拿其陰部，翻掌後拉。

2.對方出右掌擊我胸部，我左撩掌回抽上提，向左掤開其右臂，占進中心，翻掌外劈，擊其胸部；右掌變拳，發勁打其腹部，上下開發，擊其後倒。

【要領】

1.右手下掤前撩，下掤勁點在前臂背後。向右下掤開，前臂要越出腰際，向前下撩掌，勁在掌根，繼而轉至掌指；掌前撩後抽，皆以腰勁帶動，不能憑手臂伸縮。

2.左掌前撩，上挑，勁點先在掌指，繼轉至前臂背面，再轉向腕小指側掌根；下撩、掌要伸至左膝前方，後抽時，掌指有抓攏之意，提掌上挑，掌要偏右越過中線，再弧形左掤，有偏開對手之意，翻掌豎起，掌根發勁外劈，腕關節不要僵硬。

3.掌前撩時，上身可前傾30度，不可彎腰駝背；前弓步胯根內收，肩與胯要合住；右腿震腳，左掌前劈，右掌下打要同時到位，順和協調，上身保持中正安舒。

4.神形要合一，每一處勁點的轉換，全在意念，隨意轉勁，意轉形變，意到勁到，不用拙力，用力則滯，用意則活。

七十二、竄步掌

【動作】

1.承上勢。向右轉腰135度，右腳尖內扣135度，重心移至左腳，右腳稍右移，腳尖點地，成右虛步；同時，右拳變掌，下移至小腹前，掌心朝裡，指尖斜向下；左掌弧

圖 211　　　　　　　　圖 212

形向右抹至右肩前，橫臂屈肘，掌心朝外，指尖斜向上（圖211）。

　　2. 右腳提起，向右前方邁步，先腳跟著地，腰略右轉，重心上移，全腳踏實，成右弓步；同時，右掌向右側捯出，掌心斜朝上，指尖向前；左掌向左下採，置於左胯外側，掌心朝下，指尖向前。面朝正西，目視前方（圖212）。

　　3. 左腳提起，略離地面，向右腳前竄步；同時，右掌弧形抹至胸前，掌心朝上，指尖斜向左；左掌弧形上提，掌心朝下，指尖斜向前（圖213）。

　　4. 右腳提起，略離地面，向左腳前竄步；同時，左臂外旋，左掌心翻上後；右臂內旋，掌心翻下，經左掌上面抄出。面朝正西，目視右掌前方（圖214）。

圖213　　　　　　　圖214

【用法】

1.對方從背後抓我肩膀，我即沈腰收胯，轉體偏其力點；出右腳，套住其前腿，突然向右抖腰，右臂向右後發出彈性，猛捌其胸肋，同時右肩靠撞其肋部，將其靠捌出。

2.對方用右拳擊我胸部，我即含胸，略向左轉體，同時，出右掌，以右前臂外側粘搭其右腕關節，化開其力點，立即翻掌拿住其腕部，右掌向前探出，右臂肘部滾壓其肘關節，掌根尺側擊其胸口；同時右腳竄步，踢其左腳內側，逼其側身倒地（反之，亦同樣用法）。

【要領】

1.身體右轉時，臀部不要外突，肩與胯上下保持垂直，頂勁上領，轉體要靈活；右腳出步後，向右抖腰，右掌捌出，左掌下採。弓步形成要瞬間完成，不能做重心向前

直移成弓步，要順旋捲繞。右胯捲收扣進形成弓步，帶動上體出示旋勁。

　　2.右臂捌出，勁點在肱骨下端橈側，轉換勁點在手掌大拇指橈側，右仰掌，掌下端大魚際高，小魚際低，右臂捌出到位，要越出右弓步大腿，臂與腿不要上下對齊，兩手上捌下採，似弓弦一放，弓梢張開，具有彈性。

　　3.竄步探掌，左右掌向前探出，要以腰帶手，前臂要屈肘下墜，勁在肘前端，有滾壓之意，前掌勁在掌根尺側，後面仰掌有上托意思，略低於前面俯掌，探掌與竄步要協調一致，上腳竄步，高不超過踝關節。

　　4.意念貫穿動作的運行，大腦要放鬆，不要有緊張的面貌，精神緊張，必導致肩關節僵硬貫勁，肩關節不鬆開，就無法打出彈性，發勁卻成為外家拳中的硬勁，發勁不能憋氣，憋氣則滯。拳論說：有氣者無力，無氣者純剛。動作發揮全靠意念，快慢動作皆如此。發勁，意念一動，瞬間發出，一緊即鬆，這才是太極拳快打的風格。

七十三、猴兒頂雲

　　此式共後撤三步，即右、左、右三次捲肱，接做反單鞭，動作運行、用法、要領，均與第二十二式相同，可參照圖61-63。下述是由竄步掌接做猴兒頂雲過度動作示意。

　　腰略左轉，左掌立弧下移，向左後延伸轉上，與肩同高，掌心朝上，指尖向外；右掌前伸至右肩前方，略低於肩，掌心翻上，指尖向外。目視左掌（圖215-①②）。

七十四、轉身反單鞭

【動作】

　　1.承上勢。向右轉腰，左腳尖內扣135度，重心移至左腳，右腳以腳掌為軸，腳跟略內旋，成右虛步；同時，

圖215-①　　　　　　　　圖215-②

左掌放平，向右劃平弧至左胸前，五指撮攏，由掌變勾下
墜；右掌向右下轉上劃圓，回轉，抄至左前臂之下，掌心
朝裡，指尖向上（圖216）。

　　2.左腳屈膝半蹲，右腳提起，向前方邁步，先腳跟著
地，腰略右轉，重心上移，全腳踏實，成右弓步；左勾掌
向後伸延，置於左後方，腕與肩同高，勾指向下；右臂內
旋，右掌向右弧形運至右肩前，逐漸翻掌向前按出，腕與
肩同高，掌心斜朝前，指尖向上，按掌向正東，側身45度
。目視右掌前方（圖217）。

　　用法、要領同第二十八式。

　　七十五、反雲手

　　【動作】

　　1.向左轉腰，左腳尖外撇45度，重心移至左腳，右腳

圖 216　　　　　　　　　圖 217

尖內扣90度，成左側弓步；同時，左勾手變掌，向右弧形
下抹至右胸前，以腕為軸，掌心翻外，回轉上運，向左運
轉，經鼻前掌心朝外，指尖向右；右掌立弧下運，置於左
腹前，掌心朝裡，指尖斜向左。面朝西北，目視左掌前方
（圖218）。

　　2. 右腳提起，向左腳後方插步，先腳掌小趾側著地，
腰向右轉，全腳踏實；同時，左掌向右弧形下運，置於右
腹前，掌心斜朝裡，指尖向右；右掌以腕為軸，掌心翻外
，劃立弧上運，經鼻前置於右肩前，掌心朝外，指尖向左
。面朝東北，目視右掌前方（圖219）。

　　3. 左腳略提，向左移步，先腳掌著地，腰向左轉，全
腳踏實，成左側弓步；同時，右掌向弧形下運，置於左腹
前，掌心斜朝裡，指尖向左；左掌以腕為軸，掌心翻外，
劃立弧上運，經鼻前置於左肩前，掌心朝外，指尖向右。

圖 218(正面)

圖 218(反面)

圖 219

圖 220

圖 221　　　　　　　　圖 221(反面)

面朝西北，目視左掌前方（圖220）。

　　4. 右腳提起，向左腳後方插步，先腳掌小趾側著地，腰向右轉，全腳踏實；同時，左掌向右弧形下運，置於右腹前，掌心斜朝裡，指尖向右；右掌以腕為軸，掌心翻外，劃立弧上運，經鼻前置於右肩前，掌心朝外，指尖向左。面朝東北，目視右掌前方（圖221）。

　　5. 左腳提起，向左移步，先腳掌著地，腰向左轉，全腳踏實，成左側弓步；同時，右掌向左弧形下運，置於左腹前，掌心斜朝裡，指尖向左；左掌以腕為軸，掌心翻外，劃立弧上運，經鼻前置於左肩前，掌心朝外，指尖向右。面朝西北，目視左掌前方（圖222）。

　　【用法】

　　1. 對方用左拳朝我鼻子打來，我側身偏開其力點，同

時左手往上橫挪，粘搭其腕
關節，轉腰翻掌向左下，右
掌挪打其腹部，使其左側倒
地。

2. 對方用右拳朝我正
面打來，我側身偏開其力點
，右手往上橫挪，粘搭其腕
關節，插步轉腰，翻掌拿住
其右腕部，往右下採，左掌
挪打其腹，逼其從右側斜倒。

3. 對方從左側接近我
身，我左腳側行，劃後弧轉
前，胯封其腿，左肘肩側靠
其身，將其從左側靠出。

圖 222

【要領】

1. 兩手上下運轉，神態上要以眼引手，眼引手隨，眼
轉手換，上運之手，肘尖不要上抬，要墜肘；力度上，要
以腰帶手，左右轉腰，與兩手運轉要協調一致，轉腰度不
要過大，左右轉動不超過90度，過大會使腰的轉動別扭，
失去腰勁的功能發揮。

2. 移步、插步，支撐腿要屈膝半蹲，以利於步法輕捷
，沉穩，沉著有力，並能便於收胯轉腰，走架上、實用上
均不易動搖。

3. 上身要豎直，轉動是平弧，左右旋轉，不可有左搖
右擺的現象，要頂勁上領，尾閭中正。

4. 用意念貫穿動作的始終，意念來帶動上下肢體的運
行，又要控制動作違規。

七十六、單鞭下勢

【動作】

1.左臂外旋，左掌變勾，勾指下墜，右臂外旋，掌心翻向裡，腰向右轉，重心落在左腳，右腳掌著地，成右虛步（圖223）。

2.左腳屈膝下蹲，右腳提起，向右前邁步，先腳跟著地，腰略右轉，重心上移，右腳踏實，成右弓步；同時，左勾手後移，腕同肩高，勾指向下；右掌弧形右掤，翻掌向前按出，腕同肩高，掌心斜朝前，指尖向上。面朝正東，側身45度，目視右掌前方（圖224）。

3.左腳尖外撇60度。腰略左轉，重心後移至左腳，左腿屈膝全蹲，身體下坐；右腳以腳掌為軸，腳跟外轉60度，成右仆步；同時，左勾手略上提，腕高於肩，右掌弧形

圖 223

圖 224

向左,向後,經左臂內側下運至襠前,掌心斜朝下,指尖斜向左(圖225)。

4.右腳尖外撇105度,重心上移,左腳內扣60度,成右弓步;同時,左臂內旋下沉,勾手略上翹,置於左胯外側;右掌指轉向前,右掌沿右腿內側,向前,向上穿出,指高同鼻,掌心朝左,指尖斜向前。面朝正東,目視掌指前方(圖226)。

用法、要領同第三十二式。

七十七、金雞獨立

【動作】

1.承上勢。重心略上移,右腳自然立起,左腳屈膝上提,腳尖下墜,以腳面為力點,快速外踢即收,成右獨立步;同時,左掌向上穿,肘與左膝蓋相對,掌心朝右,指

圖225

圖226

尖向上，高與眉平；右掌下
落至右胯外側，掌心朝下，
指尖向前（圖227）。

　　2.右腳屈膝下蹲，左
腳下落，置於右腳內側，隨
即自然立起；右腳屈膝上提
，腳尖下墜，以腳面為力點
，快速外踢即收，成左獨立
步，右掌上提，肘與右膝蓋
相對，掌心朝左，指尖向上
，高與眉平；左掌下落至左
膝外側，掌心朝下，指尖向
前（圖228）。

　　用法、要領同第三十
三式。

　　七十八、泰山升氣
【動作】

　　1.承上勢。腰略左轉
，左腿屈膝半蹲，右腳經左
腿上方交叉出步成蓋步，先
腳跟外側著地，然後全腳踏
實；同時，右掌弧形抹至左
胸前，掌心朝裡，指尖向左
；左掌弧形抄至小腹前，掌
心斜朝裡，指尖斜向下。面
朝正北，目視右下側（圖229
）。

圖 227

圖 228

2. 左腳提起，下落至右腳內側，重心移至左腳，左腿屈膝下蹲；同時，腰略右轉下沉，右掌稍上移至左肩前，屈肘橫臂，掌心朝左，指尖向上；左掌稍下插至右胯前。目視右下方（圖230）。

3. 上體向右側身，右腳提起，腰向左抖，右腳快速向右後方蹬出，勁在腳跟，高同膝蓋；左掌向左上方發勁捌出，掌心斜朝上，指尖斜向左，稍高於頭；右掌

圖 229

沿右腿外側下捌，掌心朝下，指尖斜向前。體朝西北，蹬腳向東南，左掌向西北。目視右腳外方（圖231）。

用法、要領同第三十四式。

七十九、斜飛式

【動作】

1. 承上勢。右腳下落至左腳內側，先腳掌著地，後全腳踏實，腳尖朝北；腰略右轉，左臂內旋，左掌弧形下捋至右胯前，掌心朝裡，指尖斜向下；右掌心翻上，劃弧上抄至左肩前，橫臂屈肘，掌心翻轉朝左下，指尖斜向上。面朝正北，目視右掌前方（圖232）。

2. 左腳提起，向西北方向出步，先腳跟著地，後全腳踏實，成左弓步；同時，左臂外旋，左掌向左前方捌出，掌心斜朝上，指尖向左，高與眉齊；右掌弧形下採，置於

圖 230

圖 231

圖 232

圖 233

右胯外側，掌心朝下，指尖向前。面朝西北，目視左掌方向（圖233）。

用法、要領同第三十五式。

八十、提手上勢

【動作】

1. 承上勢。腰略左轉下沉，左胯根裡收，右腳跟半步，下落在左腳內踝後，腳掌著地；同時，左臂內旋，左掌劃弧下運，置於左腹前，掌心朝下，指尖向右；右臂外旋，右掌弧形上抄至鼻前，掌心翻向裡，指尖向左。面朝西北，目視前方（圖234）。

2. 重心後坐，右腳踏實，左腳略向外移，腳跟著地，成左虛步；同時，左臂外旋，左掌劃弧，掌心翻上，自下而上托，置於鼻前，指尖斜向前；右掌向右劃小弧，先掤

圖 234

圖 235

後按，掌心翻向下，置於胸前，指尖斜向前。面朝西北，目視左掌前方（圖235）。

用法、要領同第三十六式。

八十一、白鶴亮翅

【動作】

1.承上勢。右腰胯下沉，胯根內收，腰略右轉；左腳略提起，稍向左後撤步，腳尖內扣90度，先腳掌著地，重心後移，全腳踏實；右腳稍向右移，腳掌著地（方向轉至正東）成右虛步；同時，左臂內旋，左掌向右劃大弧，下運至左胯旁，掌心朝外，指尖向下；右掌稍向左上移，屈肘橫臂，置於左肩前，掌心朝裡，指尖向左。面朝東偏北，目視右掌外方（圖236）。

2.向右轉腰，同時右掌略內旋，移至胸前，掌心對胸，指尖向左；左掌隨腰轉，帶至腹前，掌心朝外，指尖向下。目視左方（圖237）。

3.向左轉腰，同時，左臂外旋，左掌弧形上舉至左額外方，掌心朝裡，指尖向上；右掌向右下採，置於右胯前，掌心朝下，指尖向前，腰略右轉，左掌翻向外。面朝正東，目視前方（圖238）。

用法、要領同第三十七式。

圖236

圖 237   圖 238

八十二、摟膝拗步

【動作】

1.承上勢。向左轉腰，左腿屈膝下蹲，右腳提起，向
裡收，即向右前方邁步，腳跟著地；同時，左臂外旋，左
掌向前、向下轉後，經左腰側翻轉，置於左耳外側，掌心
斜朝下，指尖向前；右臂外旋，右掌向外轉內劃弧，置於
腹前，掌心朝裡，指尖斜向左。方向朝東，目視左掌前方
（圖239）。

2.腰略右轉，重心上移至右腳，全腳踏實，成右弓步
；同時，右掌向右下弧形下摟，置於右膝外側，掌心朝下
，指尖向前；左掌向前按出，腕高同肩，掌心斜朝前，指
尖向上。面朝正東，目視左掌前方（圖240）。

用法、要領同第五式。

圖 239　　　　　　　　　　圖 240

八十三、海底針

【動作】

1.承上勢。重心略上移，左腳提起，跟半步，落於右腳內踝後，腳掌著地；同時，左掌外旋，隨即轉內旋，略向後抽，置於胸前，掌心斜朝右，指尖向前；右掌弧形上提，置於右膝上方，掌心朝左，指尖向前（圖241）。

2.腰略左轉下沉，重心後坐，左腳踏實，屈膝下蹲，右腳掌著地；同時，左掌弧形下採，置於襠前，掌心朝右，指尖向下；右掌弧形下插，置於左掌前右側，掌心朝左，指尖向下，上身略前傾，方向朝東，側身45度，目視下採，神顧前方（圖242）。

【用法】

對方用左手欲抓我左按掌，我左掌略下沉右移，以腕

圖 241　　　　　　　　圖 242

上前臂背面掤粘其左腕背，即轉腕翻掌，拿住其腕關節下採，右掌搭其前臂下插，迫其前傾俯倒。

【要領】

1.上身略有前傾，不能駝背突臀，頭頂百會，與襠中的會陰要保持一線相通，前傾度不要超過40度。

2.左手翻掌轉採，掌的旋轉，要以腕為軸，下採之勁，靠腰力下沉，勁點在左手虎口；右掌助勁，有向下、向左下撥之意，要高於左掌，兩臂均微屈，不要伸直。

3.神形要結合，意念貫勁須得法，左前臂沉勁左掤，勁點在腕背橈側轉至尺側，翻掌轉採，勁轉到掌指，隨即至虎口，有採之必成的精神狀態。

八十四、扇通臂

【動作】

1.承上勢。上身拔起，腰略左轉，左腳稍站起，右腳

內移至左腳大趾內側，腳掌
著地，成右虛步；同時，左
掌弧形上提，置於左額旁，
掌心朝裡，指尖向上；右掌
上提，附於左腕內側，掌心
朝前，指尖向上。身朝東北
，目視正東（圖243）。

圖 243

2.右腳提起，向右前
方邁步，先腳跟著地，後全
腳踏實，成右弓步；同時，
右臂內旋，右掌向前方按出
，置於右胸前，腕高不過肩
，掌心斜朝外，指尖向上；
左臂內旋，掌心翻外，置於
左額上。身朝東北，面朝正東，目視右掌前方（圖244）。

用法、要領同第四十式。

八十五、撇身捶

【動作】

1.承上勢。向左轉腰，重心移至左腳，右腳尖內扣90
度，重心復移至右腳，成右側弓步；同時，右掌由前向上
、向內，弧形上托至右額上方，掌心朝前，指尖向左；左
掌向後劃弧，回轉，由掌變拳，橫臂屈肘，置於胸前，拳
心朝下，拳眼向裡。面朝正北，神顧兩手，目視左方（圖
245）。

2.向左轉腰，左腳提起，向西南方向出步，腳跟著地
；同時，左拳外旋，弧形上舉至左額前，拳心朝裡，拳眼
向左；右掌自上而下，沿左臂外側下摟，置於左肘外（圖

圖 244　　　　　　　　圖 245

246）。

3. 腰略左轉，左掌向左前方撇出，與鼻同高，拳心朝上，拳眼向外；同時，右掌從左肘下摟出，後抽至右胸旁，掌心朝內，指尖向左。面朝西南，目視左拳前方（圖247）。

4. 重心上移，成左弓步；同時，右臂內旋，右掌向前推出，腕高不過肩，掌心斜朝前，指尖向上；左拳向後抽至左腰旁，拳心朝上，拳眼向外。面向西南，目視右掌前方（圖248）。

5. 向右轉腰，重心復移至右腳，左腳跟外撇45度，成右側弓步；同時，左臂內旋，左拳向左方向打出，拳面朝前，拳心向右；右掌回抽，置於右胯側，掌心朝下，指尖向前。面朝正西，目視左拳前方（圖249）。

用法、要領同第四十一式。

圖 246

圖 247

圖 248

圖 249

八十六、進步搬攔捶

【動作】

1. 承上勢。腰略右轉，左腳提起，收至右腳踝內側，即向前伸，腳尖外擺45度，腳跟外突；同時，左臂內旋，左拳隨腰右轉帶至胸前，臂呈弧形，拳心朝下，拳眼向裡；右掌向外轉內劃弧，置於右肋前，掌心斜朝左，指尖斜向前。面朝正西，目視前方（圖250）。

2. 腰略左轉，左腳跟落地；同時，左臂外旋，左拳由內向外劃弧左搬，置於左肩前方，與胸同高，臂微屈，拳心朝上，拳眼向外；右掌弧形左抹，附於左前臂內側，掌心斜朝左，指尖斜向上。面朝西，目視前方（圖251）。

3. 重心移至左腳，右腳提起，向前邁步，腳跟著地；同時，腰向左轉，左拳搬回軸，置於腰隙前，拳心朝上，

圖 250

圖 251

圖 252　　　　　　　　　圖 253

拳眼向外；右掌向前攔出，置於胸前，掌心斜朝下，指尖斜向上，身朝西南。面向正西，目視攔掌方向（圖252）。

4.向右轉腰，重心前移，右腳踏實，成右弓步；左臂內旋，左拳以來復線打出，與胸同高，拳心朝右，拳面向前；右掌回抽，復附於左前臂內側，掌心朝左，指尖斜向上。面朝正西，目視左拳前方（圖253）。

用法、要領同第十一式。

八十七、如封似閉

【動作】

1.承上勢。重心後移至左腳，成右虛步；同時，右掌外旋，掌心朝上，劃弧下沉，抄至左臂肘下；左臂外旋，拳心翻上（圖254）。

2.向左轉腰，重心後移至左腳；左臂外旋，左拳變掌

圖 254　　　　　　　圖 255

，掌心翻上，隨腰轉向後抽，右臂外旋，右掌從左臂下抄出，即往後抽；兩臂皆內旋，掌心均翻下，置於腹前（圖255）。

　　3.重心前移，兩掌同時向前按出，與胸同高，掌心斜朝前，指尖向上；同時左腳提起跟步，落於右腳內踝後，先腳掌著地，重心後移，全腳踏實，成右虛步。面朝正西，目視前方（圖256）。

　　用法、要領同第十二式。

　　八十八、簸箕式

　　【動作】

　　1.承上勢。兩掌向外轉向劃弧，下按至小腹前，掌心朝下，指尖斜相對；同時重心上移至右腳，左腳提起，落於右腳前，腳尖點地；兩臂外旋，兩掌心翻上，自下而上

圖 256

圖 257

，由內向外扇形分開，高於
兩額。掌心朝上，指尖均斜
向外。面朝正西，神顧盼兩
掌（圖257）。

2. 兩掌弧形上抽，兩
臂屈肘置於兩腰際外側，掌
心朝上，指尖向前；右腿屈
膝提起，腳尖內扣，腳跟向
正西方向蹬出（圖258）。

用法、要領同第十三
式。

八十九、雙托掌
【動作】

圖 258

圖 259　　　　　　　圖 260

1.承上勢。右腳下落，腳尖外擺45度，先腳跟著地，後踏實，屈膝下蹲；左腳向前上步，先腳跟著地，成左虛步；同時，兩肘向裡扣，兩掌向內合，掌心朝上，指尖向前。面朝正西，目視前方（圖259）。

2.重心上移，左腳踏實，成左弓步；同時，兩掌伸臂前托，與腹同高，掌心朝上，指尖向前。面朝正西，目視兩掌托出（圖260）。

用法、要領同第十四式。

九十、十字手

【動作】

1.承上勢。向右轉腰，左腳尖內扣90度，右腳尖外撇45度，重心移至右腳，成右側弓步；同時，兩臂均內旋，右臂向右伸展，右掌平抹至右肩前，與肩同高，掌心朝下

圖261

圖262

，指尖斜向外；左掌平抹至左肩前方，與肩同高，掌心朝下，指尖斜向外。面朝正北，目先盼右掌，再顧左掌（圖261）。

2. 左腳提起，收至右腳內側，略寬於兩肩，腳尖皆向北；同時，兩掌均外翻，下沈，自外向內劃弧，合抱置於胸前，兩腕交叉，左掌在外，掌心均朝裡，指尖斜向上，指與鼻同高。面朝正北，目視前方（圖262）。

用法、要領同第十五式。

九十一、抱虎歸山

【動作】

1. 承上勢。向左轉腰，重心移至左腳，右腳尖內扣90度；重心復移至右腳，左腳提起，向左前邁步（西南），腳跟著地，成左虛步；同時，左臂內旋，左掌弧形下抹至

圖 263　　　　　　　　圖 264

腹前，掌心斜朝裡，指尖斜向右；右掌弧形向下，向右後翻轉，置於右耳外側，掌心斜朝裡，指尖向前。面朝西，目盼右掌（圖263）。

2.重心上移，左腳踏實，成左弓步；左掌向左後下摟抱，置於左腰際外側，掌心指尖均向裡；右臂略內旋，右掌向前（西南）推出，掌心斜朝前，指尖向上。面朝西南，目視右掌前方（圖264）。

用法、要領同第十六式。

九十二、反單鞭

【動作】

1.承上勢。重心略上移，右腳跟步，落於左腳內踝後，成左虛步；同時，腰略右轉，右臂外旋，掌心翻上，左掌弧形前抹，置於右掌前方，掌心朝下；兩掌均隨腰轉，

圖 265

圖 266

向右後弧形下捋，右掌置於右腰外側，掌心斜朝上，指尖向前，左掌置於右掌前（30公分），掌心斜朝下，指尖向前。面朝西，目顧兩掌（圖265）。

2. 左腳提起，向左前邁步（西南），成左弓步；左臂外旋，掌心對胸，指尖向右；右臂內旋，右掌心翻外，指尖向上，搭於左掌內側腕端，隨重心上移，向正前方擠出，高與肩平，兩臂呈弧形。面朝西南，目視前方（圖266）。

3. 重心略上移，右腳跟步，落於左腳內踝後，先腳掌著地，重心後移，全腳踏實，成左虛步；同時，左掌內旋，掌心翻下，右掌從左掌背抹出，兩掌按於兩胯前，掌心均朝下，指尖向前。面朝西偏南，神顧兩掌（圖267）。

4. 左腳提起，向左前邁步，成左弓步，兩掌自下而上

圖 267　　　　　　　　　圖 268

向前按出，腕高與肩平，掌心皆斜朝前，指尖向上。面朝西南，目視前方（圖268）。

5.向右轉腰，重心移至右腳，左腳尖內扣135度，腰略左轉，重心復移至左腳，右腳尖點地，成右虛步；同時，兩掌隨轉腰向右平抹，即轉向左平抹，左掌置於左肩前，掌心朝下，指尖斜向前；右掌置於左小臂內側下方，掌心朝內，指尖向上。面朝正北，目盼左掌（圖269）。

6.左腿略下蹲，右腳提起，向右前邁步（東北），成右弓步；右臂內旋，右掌隨腰右轉，翻掌向前（東北）按出，腕高同肩，掌心斜朝前，指尖向上；左掌五指撮攏變勾，略向後移，腕背高同肩平。面朝東北，目視右掌前方（圖270）。

　　用法、要領同第二十八式。

圖 269　　　　　　　　　圖 270

九十三、順式採挒

【動作】

1. 承上勢。腰略左轉，重心後移，右腳尖上翹；同時，左勾手變掌，弧形抹至右胸前方，掌心斜朝裡，指尖向右；右臂外旋，掌心翻上，置於右肩前方，略高於肩，指尖向外。面朝北偏東，目視右掌（圖271）。

2. 快速向左轉腰180度，右腳尖內扣135度，左腳以腳跟為軸，腳尖外撇180度，腳尖翹起，兩腿交叉，左腿在前，右腿在後，重心在右腿；同時，左臂內旋，掌心翻外，隨轉腰快速向左下採，置於左胯外側，掌心朝裡，指尖斜向下；右掌向左弧形下挒，置於襠前，掌心朝左，指尖向下。面朝西南，目盼兩掌（圖272）。

【用法】

圖 271　　　　　　　圖 272

　　對方用左拳從右前擊我，我重心略後移，偏其力點，在腕背掤其前臂外側，立即翻掌拿住其腕關節，迅速轉身下採，右臂下捌其左臂肘部，使其前仆倒地。

【要領】

　　1. 向左轉體180度，腰襠勁轉換要靈活，轉身下採，上身不要前俯，要立身中正，頂勁上領。

　　2. 兩腿交叉，側身姿勢，兩肩不可高低，兩肩與兩胯要上下合住。

　　3. 左腳尖外撇上翹，左腳跟不可浮起，要保持支點作用。

　　4. 左手勁點轉換，先在腕背，繼而轉至掌指；右手下捌，勁點先在虎口內側，繼而轉至肘下尺側。

　　5. 動作的變化，勁點的轉換，全要用意念貫注，以眼

引手，神形合一，全身上下要協調一致。

九十四、壯牛飲水

【動作】

1. 承上勢。腰略左轉，重心上移至左腳，右腳提起，向右前出步，腳跟著地；兩掌均略向左後移（圖273）。

2. 腰快速右轉，重心上移至右腳，左腳立即跟步，落於右腳內踝後踏實；同時，兩掌隨重心上移，發勁向前下方插捌，均置於襠前，右掌在前，掌心朝左，左掌在後，掌心朝右，指尖皆斜向下。面朝西南，神顧兩掌（圖274）。

【用法】

對方用右手抓拉我右膀，我即順勢上步插襠，跟步、抖腰發勁，右肩靠其胸口，左掌插按其腹，右掌捌其襠部。

圖273　　　　　　　　圖274

【要領】

1.兩掌下打之勢，上身不要前傾，右肩要含有靠意。

2.轉腰，跟步，兩掌向前下插捌，要同時到位，有彈性，不可僵硬。

3.神態嚴正，目盼兩掌，不要低頭，頂勁要上領。

九十五、劈面肘靠

【動作】

1.承上勢。腰略左轉，重心移至右腳，左腳提起，橫落於右腳前，腳掌外側著地，腳尖外擺，成蓋步；同時，右掌後移至左腹前，掌心朝外，指尖斜向下；左掌弧形上提，置於右胸前，掌心朝裡。指尖向右，目視右前方（圖275）。

2.重心上移至左腳，右腳提起，側行出步，腳跟內側

圖 275

圖 276

著地；同時，右掌下沈至左胯前，左掌上提至右肩前（圖276）。

　　3.腰略右轉，重心迅速移至右腳，成右側弓步；同時，兩臂屈肘，兩掌變拳，拳心朝下，兩肘發勁對拉靠出，右肘尖高於右肩，左肘尖高同胸肋。面朝西南，右肘靠向西南，目視西南方向（圖277）。

　　4.兩臂伸展，兩拳變掌，以掌背向外打出，右掌略高於頭，左掌與腰同高，掌心均朝上，指尖向外。面向西南，目視右掌（圖278）。

【用法】

　　對方受到我上勢插按下捌撤步後退，我乘勢上步跟逼，速提右肘靠其口鼻，其若後仰，我立即以右掌背劈打其頭面。

圖 277　　　　　　　　圖 278

【要領】

1.重心快速橫移時，下肢務必要穩固，上身不可搖擺，快速轉腰右移與右肘靠出，必須一股勁，腰到肘到。

2.兩肘對拉分開，不能僵硬，要富有彈性，右肘尖不要提得太高，以防肩抬氣浮，兩手翻掌分開，兩前臂及兩掌均發彈勁。

3.兩肘勁點在肘尖，兩掌勁點在掌背，勁力均出腰脊。

4.右肘向右上方靠出，頭不要撐得太過，否則會造成神滯，勁僵。

九十六、野馬分鬃

【動作】

1.向左轉腰，重心移至左腳，右腳尖略內扣，重心復移至右腳，左腳提起，內收至右腳內側，腳尖點地；同時

圖 279　　　　　　　圖 280

，左臂內旋，左掌向右弧形橫捋，置於右腹前，掌心朝裡，指尖向右；右臂內旋，右掌向左劃弧，翻轉，置於左肩前，掌心斜朝裡，指尖向左。面朝正東，目視東北（圖279）。

2.右腳半蹲，左腳提起，向左前（東北）邁步，成左弓步；同時，左臂外旋，左掌快速向左前捋出，掌心斜朝上，指尖斜向前；右掌弧形下採，置於右胯外側，掌心朝下，指尖向前。面朝東北，目視左掌前方（圖280）。

用法、要領同第二十六式。

九十七、進步肩靠

【動作】

1.重心略前移；右腳提起，經左腳內側向右前上步（東北方向），腳尖外擺，腳跟外側著地；同時，左掌內旋弧形向右下捋，置於腹前，掌心斜朝下，指尖向右；右掌弧形上抄，置於左胸前，掌心斜朝左，指尖斜向上，兩臂呈弧形（圖281）。

2.重心移至右腳，左腳提起，向左前側行出步（東北），成左側弓步；同時，左肩快速靠出，兩肘略向外對撐。面朝東北（圖282）。

【用法】

對方從正面用右掌抓我領口，我即側身，左臂捋其手，右掌掤其腹部；其若退撤，我即跟步，以左肩靠其胸部，左肘靠打其腹。

【要領】

1.左肩靠出，上身不要向左傾斜，要立身中正；向左抖腰，不是腰向左平移，而是要打出個腰圈，靠勁才有彈性；發勁時，可呼氣發聲助威。

圖 281　　　　　　　　　圖 282

2.肩靠時，左胯根不要超過左腳跟外側，兩肘外撐，左肘不宜拉得過開。

3.以意貫勁，左掌下捌，勁在小臂尺側，右掌外掤，勁在掌背，左肩靠出，勁在肩外側，左肘撐開，勁在肘尖，勁似曲溪流水，不斷轉換。

九十八、玉女穿梭

【動作】

1.承上勢。腰略左轉，右腳提起，跟上半步，腳掌著地，腰略右轉，重心後移，右腳踏實，左腳掌著地，成左虛步；同時，左臂外旋，左掌心翻上，掌略上提置於口前；右掌略下沈，置於腰際，掌心斜朝下（圖283）。

2.左腳提起，向左前（東北）方向邁步，成左弓步；左掌內旋向上滾翻，置於左額上方，掌心朝前，指尖向右

圖 283　　　　　　　　圖 284

；右掌略內旋向前按出，高與肩同，掌心斜朝外，指尖向上。面朝東北，目視右掌前方（圖284）。

用法、要領同第二十九式，不過，此式用掌。

九十九、順式採挒

【動作】

1. 承上勢。腰略右轉，右腳尖外撇90度（腳尖向南），左腳跟提起，腳掌著地，右掌內旋略上提，置於右肩前方，掌心朝左，指尖向前；左掌外旋滾轉前挒，置於左額前方，掌心朝右，指尖向前。面朝東，目視左掌前方（圖285）。

2. 腰快速右轉，左腳離地，橫弧右移至右腳大趾前方，腳跟著地，成左虛步；同時，兩掌隨轉腰橫弧向右下採；右掌置於右胯外側，掌心朝裡，指尖斜向下；左掌置於

圖 285　　　　　　　圖 286

襠前，掌心朝右，指尖向下。面朝東南，目視前方（圖 286）。

用法、要領同第九十三式。

一○○、投石入水

【動作】

1.承上勢。腰略右轉，兩掌稍向右移，左腳提起，向左前（東南）邁步，腳跟著地，成左虛步。面朝正南，目視東南前方（圖287）。

2.快速向左轉腰，重心上移，左腳踏實，右腳立即跟步，落於左腳內踝後踏實；同時，兩掌發勁向前下方插捯，置於襠前，左掌在前，掌心朝右，右掌跟後，掌心向左，指尖均斜向下。面朝東南，神顧左掌（圖288）。

【用法、要領】

同第九十四式。不過該式兩掌向前下插捯，含有上挑

圖 287　　　　　　　　圖 288

之意；本式只是向前下插捌，外形上不甚明顯，練的時候有意念即可。

一〇一、劈面肘靠

【動作】

1. 承上勢。重心上移至左腳，右腳提起，經左腳前橫落，腳跟著地，腳尖外擺，成蓋步；同時，左掌弧形向右後移至右腹前，掌心朝裡，指尖斜向下；右掌弧形上提，置於左胸前，掌心朝裡，指尖向左。目視左前方（圖289）。

2. 重心上移至右腳，左腳提起，向左側行出步，腳跟內側著地；同時，左掌下沈至右胯前，右掌上提至左肩前（圖290）。

3. 腰略左轉，重心迅速上移至左腳，全腳踏實，成左

圖 289　　　　　　　　圖 290

側弓步；同時，兩臂屈肘，兩掌變拳，掌心朝下，兩肘發勁，對拉靠出，左肘尖高於左肩，右肘尖高同胸肋。面朝南，肘靠出方向朝東南，目斜視東南方向（圖291）。

4.兩臂伸展，兩拳變掌，上下分開劈出，左掌略高於頭，右掌與腰同高，掌心均朝上，指尖向外。目斜視左掌，方向同上（圖292）。

用法、要領同第九十五式。

一〇二、野馬分鬃

【動作】

1.承上勢。腰略右轉，重心移至左腳，左腳內扣45度，重心復移至左腳，右腳提起，內收至左腳內側，腳尖點地；同時，右臂內旋，右掌向左弧形橫捯，置於左腹前，掌心朝裡，指尖向右；左掌內旋，向右劃弧，翻轉，置於

圖 291　　　　　　　　　　圖 292

右肩前，掌心斜朝裡，指尖向右。面朝正西，目視西北（圖293）。

2.左腳半蹲，右腳提起，向右前（西北）邁步，先腳跟著地；快速向右轉腰，右腳踏實，成左弓步；右掌外旋向右前發勁捌出，掌心斜朝上，指尖斜向前；左掌弧形下採，置於左胯外側；掌心朝下，指尖向前。面朝西北，目視右捌掌前方（圖294）。

用法、要領同第二十六式。

一〇三、進步肩靠

【動作】

1.承上勢。重心略前移，左腳提起，經右腳內側，向左前上步（西北方向），成蓋步；右掌內旋弧形向左下捌，置於腹前，掌心斜朝下，指尖向左；左掌弧形上抄，置

圖 293　　　　　　　　圖 294

於右胸前，掌心斜朝右，指尖斜向上，兩臂呈弧形（圖295）。

　　2.重心上移至左腳，右腳提起，向右前側行出步（西北），成右側弓步；同時，快速向右抖腰，右肩向右前靠出，兩肘略向外撐。目視靠出方向（圖296）。

　　用法、要領同第九十七式。

　　一〇四、玉女穿梭

　　【動作】

　　1.承上勢。腰略右轉，左腳提起，跟上半步，腳掌著地，腰略左轉，重心後移，左腳踏實，右腳跟提起；同時，右掌外旋，掌心翻上，略上提，置於口前；左掌略下沈，置於腰際，掌心斜朝下（圖297）。

　　2.右腳提起，向右前（西北）方邁步，成右弓步；右

圖 295　　　　　　　　圖 296

掌內旋向上滾翻，置於右額上方，掌心朝前，指尖向左；
左掌略內旋向前按出，腕高同肩，掌心斜朝外，指尖向上
。面朝西北，目視左掌前方（圖298）。

　　用法、要領同第九十八式。

　　一〇五、左右風輪

【動作】

　　1.承上勢。重心後移，右腳內扣45度，重心復移至右
腳，左腳提起，置於右腳內側，腳尖著地；同時，右臂外
旋，右掌立弧回落，置於右胸前方，掌心斜朝下，指尖斜
向前；左臂外旋，左掌劃小弧上提，置於右掌之下，掌心
斜朝上，指尖斜向右，兩腕內側交叉，與肩同高。面朝正
西，目視兩掌前方（圖299）。

　　2.腰略右轉，右腿半蹲，左腳提起，側行出步，左腳

圖 297

圖 298

圖 299

圖 300

內側著地，成右側弓步；同時，兩掌以腕為軸，順旋下運至右腹前，右掌心斜朝左上，指尖斜向前；左掌心斜朝右下，指尖斜向前。面朝西偏北，目盼兩掌（圖300）。

3. 向左轉腰，重心移至左腳，成左側弓步；同時，兩掌向下、向左粘腕順旋，兩腕交叉，置於左胯前，右掌心斜朝上，指尖斜向左，左掌心斜朝下，指尖斜向右。面朝西偏南，目下視兩掌（圖301）。

圖 301

4. 腰略左轉，右腳提起，移至左腳內側，腳尖點地，成丁字步；同時，兩掌繼續順旋，左移至左胯外側（圖302）。

5. 向右轉腰，右腳提起，向右側行出步，腳跟內側著地，重心右移，成右側弓步；同時，兩腕粘搭，向下、向右、向上，逆時針旋轉，置於右胯前，左掌心斜朝下，指尖斜向右，右掌心斜朝上，指尖斜向左。面朝西偏北，目引掌運（圖303）。

【用法】

1. 對方用左拳迎面打來，我右臂下捋，搭粘其腕，偏開來力，左掌上提粘挾其腕，兩腕交叉相挾，向左下橫弧滾翻，挫其重心，偏其腰力，迫其側體斜倒。

圖 302　　　　　　　　圖 303

2. 其若抗拉，我順其之力，向右滾挾，促其後倒。

【要領】

1. 兩腕交叉左右滾翻，要以腕為軸，肘尖不可上抬，用腰力帶掌，移動走立弧，上身中正，不要前俯。

2. 兩腳左右側行移步，不走平去平回，要走後弧形回套；重心不平移，要腰轉胯捲形成側弓步。

3. 眼神左右下視，以眼引手，不能低頭；勁在兩腕內側，沈腰胯捲轉，兩掌要含有採拿之意，兩肩含有側靠之念，意勁貫足，動度沈穩，無輕浮之形。

一〇六、動步攬雀尾

【動作】

1. 承上勢。腰略右轉，左腳提起，右移至右腳內側，腳尖點地，成丁字步；同時，右臂略內旋，右掌弧形上掤

，置於右肩前方，掌心朝下，指尖向左；左掌略往左抽，弧形上托，置於右腹前，掌心斜朝上，指尖斜向右，兩掌心上下相對，呈抱球形。面朝西北，目視前方（圖304）。

2. 右腳下蹲，左腳提起，向左側行出步，腳跟內側著地，腰略左轉，重心左移，左腳踏實，成左側弓步；同時，左臂內旋，左掌向左弧形掤出，腕同肩平，掌心朝右，指尖向前；右掌弧形下按，置於右胯外側，掌心斜朝下，指尖向前。面朝正西，目視左掌（圖305）。

動作、用法、要領同第三式。

一〇七、單鞭

動作、用法、要領同第四十四式。

一〇八、雲手

動作、用法、要領同第四十五式。

圖 304　　　　　　　　圖 305

一○九、單鞭

動作、用法、要領同第四十六式。

一一○、高探馬

動作、用法、要領同第四十七式。

一一一、三步穿掌

【動作】

1. 承上勢。左腳提起，向左前方出步，腳尖外擺45度，腳跟著地，成左虛步；同時，左掌略後抽至腹前，掌心朝上，指尖向右；右掌劃小弧，稍回抽至胸前，掌心朝上，指尖向左。面朝正東，目視前方（圖306）。

2. 重心上移，左腳踏實，右腳提起，腳尖外擺45度，向右前出步，腳跟著地，成右虛步；同時，右掌弧形下按，置於腹前，掌心朝下，指尖向左；左掌弧形上托，略向

圖 306　　　　　圖 307

　　前穿，置於右掌之上，兩腕交叉，腕背相對，掌高同
胸，掌心朝上，指尖向前。面朝正東，目盼左掌（圖307
）。

　　3. 重心上移，右腳踏實，左腳提起，向左前邁步，腳
跟著地，成左虛步；同時，左掌略向前穿，右掌背搭著左
前臂中段（圖308）。

　　4. 重心上移，左腳踏實，成左弓步。同時，左掌隨重
心上移向前穿出，腕高於肩，掌心朝上，指尖向前；右掌
略上移，置於左肘下，掌心向下，指尖向左。面朝正東，
目從左掌指視出（圖309）。

　　【用法】

　　對方從正面用左手欲抓我右探之掌，我即沈臂、劃弧
轉掌，右掌占位下按、轉拿，將其手封住；左掌自下向上
前穿，指尖對其咽喉。對方後退，我順勢連續上步，同時

圖 308　　　　　　　　　圖 309

左臂前伸，指尖直插其鼻與目。

【要領】

1.向前上步，步法要輕靈，動步要連貫，不能斷續，上身不要前俯起伏，保持平衡。

2.右掌下按之前，掌逆時針劃弧，顯有翻掌轉拿之意，不要直接下按；左掌上托，要先後抽，後轉上向前，形出立弧，不要直提而上，右掌劃圈，左掌走弧，均要以腰轉平圓來帶動兩掌運動。

3.以意貫勁，意氣奮發，右掌逆旋劃圈，勁點先在右腕關節內側，繼而轉至掌心，下按，勁要有向下往左的意念貫串，控制對方之手進我胸腹；左掌上提，仰掌前穿，以腰力前攻為主，掌依腰前攻而伸展，中指領勁，勁貫三分，神氣有七分，呼氣均勻，斜上前穿，實有穿前必勝的精神狀態。

一一二、單擺蓮

【動作】

1.承上勢。重心後移至右腳，向右轉腰180度（由東轉向西）。左腳尖內扣135度，重心復移至左腳。右腳略向右移，腳尖點地，成右虛步；同時，右掌隨腰轉，向右往下弧形後帶，置於右胯前，掌心斜朝下，指尖斜向左；左臂內旋，左掌翻轉右抹，置於右胸前，掌心斜朝下，指尖斜向右。面朝正西，目視前方（圖310）。

2.腰略左轉，隨即回右轉，右腳提起，自下而上，由左向右，腳面繃直，高同胸肋，扇形擺腳，回落至左腳右前，腳尖點地，成右虛步；同時，左臂內旋，左掌由右向左，拍響右腳面，置於左肩前方，掌心斜朝外，指尖斜向前，右掌心搭著右腹，指尖斜向下。面朝正西，目視前方

圖 310　　　　　　　　　圖 311

（圖 311）。

【用法】

1. 對方從背後用右掌推我右肩，我即沈肩轉腰，面向對方，偏其力點，化開其掌，使其落空。

2. 對方右掌被化，出左拳欲打我鼻口，我立即以左掌腕上尺側，掤粘其左腕，速翻掌猛向左採，同時右腳向右橫擺，以腳面擊其胸肋。

【要領】

1. 向右轉體，肩胯要同時轉動，不要先動肩後動胯，造成突臀異形；胯根內收，以利鬆腰下沈，化勁自然，上身要正直，不可前俯後仰。

2. 右掌後抹至右胯前，腕上小魚際要下沈，左掌置於右胸前，橫臂屈肘，肘尖不可抬起，要墜肘坐腕，有扶面

衛胸、以防對方進襲的意思。

3.勁的轉換運用，右掌向右後抹，有後擺外劈之意，勁在腕端尺側；左臂右抹，勁在小臂橈側，轉至腕上尺側，翻掌轉至掌心，左採轉至虎口；右腳擺出，勁在腳面。右腳向右擺，左掌向左移，務必協調，拍腳要響，注意外形表演，內在意念，是左採，右擺，用合力腳打對方胸肋。

一一三、前後打捶

【動作】

1.承上勢。左腿下蹲，右腳稍向裡收，即提起向右前邁步，腳跟著地，成右虛步；同時，右掌變拳，向前打出，高與肩平，拳心朝左，拳面向前；左掌弧形下落，掌心貼於左腹，指尖斜向右（圖312）。

2.重心上移至右腳，右腳踏實，成右弓步；同時，右拳變掌回抽，掌心貼於右腹，指尖斜向左；左掌變拳，向前打出，高與肩平，掌心朝右，拳面向前。面朝正西，目視左拳前方（圖313）。

3.向左轉腰（由西轉向東），重心後移至左腳，右腳尖內扣135度，重心復移至右腳，左腳略向左移，腳掌著地，成左虛步；同時，左掌變拳向前打出，高與肩平。面朝正東，目視左拳前方（圖314）。

4.腰略左轉，重心快速上移，左腳踏實，成左弓步；同時右拳發勁向前（東）打出，高與肩平，拳心朝左，拳面向前；左拳變掌回抽，貼於左腹，指尖斜向右。面朝正東，目視右拳前方（圖315）。

【用法】

1.對方從正面用左拳對我胸口打來，我即出右手，自

圖 312

圖 313

圖 314

圖 315

左往右，以前臂外側掤化其左臂，偏開其力點，由橫轉直
，化中有打，右掌變拳，直線出擊，打其鎖骨下左心房。

2. 對方左拳被化受打，出右拳打我胸口，我即出左手，
以左前臂外側自右往左將其右掤化，偏開力點，左掌變拳，
由橫轉直，化中寓打，直線出擊，打其鎖骨下右心房。

3. 轉身後打捶，與前打捶用法相同，不再重述。

【要領】

1. 出拳要先弧後直，有外撇掤化之意，右拳發出，要
從自身中線（鼻尖對臍）偏左向右掤，越過中線，轉直線
前打；左拳發出，要從自身中線（鼻尖對臍）偏右向左掤
，出中線，轉直線前打，在出拳運行路線上，能顯出先化
後打的意思，不要直接用直線出拳的簡單打法。

2. 左右虛步出拳，上身不要前俯，上面頂勁上領，身
法立身中正，沈肩塌腰，斂臀收胯，臀部之勁下貫實腳腳
跟。

3. 發拳需用腰力，轉腰催勁，肩催肘，肘催腕，直達
拳面。用意貫勁，勁點轉換，出拳橫掤，直發，勁點先在
前臂外側尺橈面，後移至拳面。由西轉向東，轉身要圓活
，不要有斷續、停頓形象出現，以眼引拳，神態要靈活。

一一四、手揮琵琶

【動作】

1. 承上勢。重心後移，右腳尖外撇45度，成左虛步；
同時，右臂內旋，右拳變掌，弧形右採，置於胸前方，掌
心斜朝內，指尖向左；左掌向外轉裡劃弧，置於右腹前，
掌心斜朝下，指尖斜向右。面朝正東，目視前方（圖316
）。

2. 重心上移，左腳踏實，右腳提起，向前出步，落於

圖 316   圖 317

左腳尖右前方，腳跟著地，腳尖上翹，成右虛步；同時，右臂外旋，右掌劃弧上托，置於右肩前方，掌心斜朝上，指尖斜向前；左掌由外旋轉內旋置於胸前，掌心朝下，指尖斜向右。身朝東偏北，面向正東，目視托掌前方（圖317）。

【用法】

對方用左手抓我左腕向後拉，我即隨之上步跟進，同時轉臂旋腕，挫其指力，立即立弧翻掌，反拿其左腕下按，同時右掌上提，托住其肘，發勁上抬、下壓、上抬翻其關節，得勢取勝。

【要領】

1.右掌上托，掌指不要向正前方，要向前偏左，掌小指側小魚際著力，右肘不要向裡凹，要略向右張肘，使上

托掌使用得法、得力；左掌下按，左掌拇指側大魚際著力。

2.手揮琵琶定勢時，右腰腎略向上提，臀部與左腳跟形成垂直，胯根內扣，上身正直，右腳尖上翹，右腳跟支點得力。

3.勁路明確，轉勁靈活，左手勁由前臂外側、繼至掌心、再轉到拇指側大魚際；右掌勁小指側小魚際，意動勁轉形換，以達到神形一致的鍛鍊效果。

一一五、射雁式

【動作】

1.承上勢。向左轉腰135度（由東轉向西北），右腳內扣90度，重心移至右腳，左腳以腳掌為軸，腳跟內轉，腳尖轉向西北，成左虛步；同時，左臂外旋，左掌隨轉左掤至下頜前方，掌心斜朝內，指尖斜向右；右掌弧形左捯至右胸前，掌心朝左，指尖向前。面朝西北，目視右掌前方（圖318）。

2.向左轉腰，左腳提起，向左後撤步，先腳掌著地，後腳踏實，右腳略向左移，置於左腳大趾前方，腳跟著地，腳尖上翹，成右虛步；同時，左臂外旋，即轉內旋，左掌略向左橫移，掌心翻下，弧形下落至腹前，指尖斜向前；右掌劃小弧，向內返外伸延，三指捏攏，中指、食指伸直，與鼻同高，掌心朝左，劍指斜向上。面朝正西，目視劍指前方（圖319）。

【用法】

1.對方從左後用右手卡我脖子，我即沈腰轉體，化開其手。其右手被化，出左拳正胸打來，我出左手，以前臂外側橫掤，化開其拳，立即旋腕轉掌，拿住其左腕關節，隨之撤步下採；右臂橫弧下捯，轉前移下壓、前挫，斂指

圖318　　　　　　　　　圖319

對其目，得機取勝。

【要領】

1. 左掌由掤轉採，翻掌要以腕為軸；右臂由挒轉挫，要挒直挫屈，肘勁要向左轉前挫滾，使肘勁得法，劍指向前，要貫意勁，眼神似打靶瞄準，直視對方。

2. 向左轉腰，肩與胯要同時轉動到位，不突臀，左腳撤步，腳不要提高，離地即可，落腳要穩，上身中正，無有俯仰。

3. 向左轉體，左肩外側要含靠意，左手勁點轉換，由腕背尺橈面轉至掌大拇指側大魚際；右臂勁由前臂尺骨中段，移至肘尖前端，意念轉勁，意不中斷，動作連貫亦不中斷，斷斷續續非練太極之為。

——六、進步搬攔捶

【動作】

1. 承上勢。腰略右轉，右腳提起，稍向裡收，腳尖外擺，向前伸出，成左獨立步；同時，右臂由內旋即轉外旋，右掌變拳，順時針劃弧，置於右肩前，拳心朝左，拳眼向上；左掌弧形橫抹（置於）附於右臂內側（圖320）。

2. 左腿下蹲，右腳下落至右前，腳跟外側著地，成右虛步；重心上移，右腳踏實，左腳提起，向左前邁

圖 320

步，腳跟著地，成左虛步；同時，右臂外旋，右拳向右外搬出，回抽，置於腰旁，拳心朝上，拳眼向外；左掌坐腕，沿右臂向前攔出，掌心斜朝右，指尖向上。身朝西偏北，面朝正西，目視攔掌（圖321）。

3. 腰略左轉，重心上移，左腳踏實，成左弓步；同時，右臂內旋，右拳以來復線向前打出，與胸同高，拳心朝左，拳眼向上；左掌回抽至右臂內側，掌心朝右，指尖向上。面朝正西，目視右拳前方（圖322）。

用法、要領同第十一式。

——七、如封似閉

【動作】

1. 承上勢。腰略右轉，重心後移至右腳，成左虛步；同時，兩臂外旋，左掌下抄至右臂下，兩掌心均翻上，左

圖 321　　　　　　　　　　　圖 322

掌沿右臂抄出，兩掌後抽回落，置於腹前，兩臂內旋，掌心皆斜朝下，指尖斜向前。面朝正西，目盼兩掌（圖323）。

　　2.重心上移，兩掌同時向前按出，掌心斜朝前，指尖向上；右腳跟步，落於左腳內踝後，先腳掌著地，後踏實，成左虛步（圖324）。

　　用法、要領同第十二式。

　　一一八、三步二按

　　【動作】

　　1.承上勢。重心上移，左腳提起，向左前出步，腳尖外擺45度，腳跟外側著地，成左虛步；同時，兩掌後移至胯前（圖325）。

　　2.重心上移，左腳踏實；右腳提起，經左腳內側向前

圖 323

圖 324

圖 325

圖 326

圖 327　　　　　　　圖 328

邁步，腳跟著地，成右虛步；同時，兩掌前按至腹前（圖326）。

3.重心上移，右腳踏實，成右弓步；兩掌向前按出，腕與肩同高，掌心斜朝前，指尖向上。面朝正西，目從按掌中間前視（圖327）。

4.重心略上移，左腳提起，經右腳內側向左前出步，腳尖外擺，腳跟外側著地成左虛步；同時兩掌回抽，置於兩胯側。面朝西（圖328）。

5.重心上移，左腳踏實，右腳提起，經左腳內側，向右前邁步，先腳跟著地，成右虛步，同時，兩掌前移，置於腹前，掌心斜朝下，指尖斜向前。面朝正西，目視前方（圖329）。

6.重心上移，成右弓步，兩掌向前按出，腕與肩同高

圖 329　　　　　　　　圖 330

，掌心斜朝前，指尖向上。面朝正西，目視按掌前方（圖 330）。

【用法】

　　對方用兩掌抓按我兩腕，我收胯沈腰，兩手回帶，使其進之愈深，欲收掌退讓，我即連續上步跟逼，迫其退之愈促後倒。

【要領】

　　1. 上步要連貫，不可斷續，兩掌前按，上身不要前俯。成右弓步時，右胯要扣進，不可外突，左後蹬腿，踝關節要鬆開，使勁落到後蹬腳外側，與前按掌小指側勁成直線，使按掌得力。

　　2. 兩掌前按到位，兩肩微前合，沈肩垂肘，命門後撐，尾閭前移，氣沈丹田；兩腕要鬆柔，不可僵硬，勁貫兩

圖 331　　　　　　　圖 332

掌小魚際。

一一九、單鞭下勢

【動作】

1. 承上勢。向左轉腰，左腳尖外撇45度，右腳尖內扣90度，成左側弓步；隨腰左轉，左掌平抹至左肩前方，掌心朝下，指尖向前；右掌弧形抹至左胸前，橫臂屈肘，掌心朝下，指尖斜向左。面朝正南，目隨手運（圖331）。

2. 腰略右轉，重心移至右腳，成右側弓步；同時，右臂屈肘右靠，前臂外展，右掌五指撮攏變勾，指尖向下，置於右肩前方，高與肩平，左掌弧形右抹，置於右臂內側，掌心朝裡，指尖向上。面朝南偏西，目視右勾外方（圖332）。

圖 333

圖 334

3. 右腿略下蹲，腰向左轉，左腳提起，向左前方（東）邁步，先腳跟著地，成左虛步；左掌豎掌左運至鼻前，掌心朝裡，指尖向上，右勾掌弧形左移，置於右胸前，面朝南偏東，目視前方（圖333）。

4. 重心移至左腳，成左弓步；右腳跟外撇45度；同時，左臂內旋，左掌心外翻，向左前方按出，腕高與肩平，掌心斜朝前，指尖向上。身朝東偏南，面向正東，目視左掌前方（圖334）。

5. 重心後移至右腳，右腿屈膝全蹲，左腿自然伸直，左腳尖內扣，成左仆步；同時，右勾掌稍上提，略向右移，腕高同耳尖，勾指下垂，左掌弧形回抄，置於右腕左下方，掌心翻向內，指尖向上。目盼右勾（圖335）。

6. 腰略右轉，左掌下穿，掌心翻外，指尖向前，置於

襠前，同時右腳尖外撇。目
視左掌前方（圖336）。

　　7. 重心上移，左腳尖
外撇，右腳尖內扣，成左弓
步；同時，左掌沿左腿內側
向前穿出，置於鼻前方，掌
心朝右，指尖斜向上；右勾
掌向右後移，下擺變掌，置
於右膝前，掌心朝裡，指尖
向前。面朝正東，目視左掌
指前方（圖337）。

　　**用法、要領同第三十
二式。**

圖 335

圖 336

圖 337

一二〇、上步七星腳

【動作】

1.承上勢。重心略上移，右腳提起，向前踢出，高不過膝，成左獨立步；同時，左掌變拳，劃立弧，置於胸前；右掌變拳，由下上掤，置於左拳外側，兩腕交叉，右拳在外，拳心皆朝裡，拳眼斜向上。面朝正東，目視前方（圖338）。

2.右腳下落，腳掌著地，成右虛步；同時，兩臂內旋，兩拳翻轉，置於鼻前，拳心斜朝外，拳眼斜向下。面朝正東，目從兩拳中間視出（圖339）。

【用法】

對方用右掌從上向下欲劈我前胸，我即出兩拳向前上架化，同時起右腳猛踢其前腿脛骨，兩拳交叉翻轉，以滾勁上架前掤，迫其氣浮後倒。

圖 338　　　　　　　圖 339

【要領】

1.定勢上身不要前俯後仰，兩拳上架，不要擋住兩目，肘不可上抬，肩不要聳起，兩腕距離鼻約20公分。

2.兩拳心均要向外，使左腳跟勁上升至兩腕交叉中間，以利於上架勢得力外掤。

3.兩眼要向前視出，以觀察對方頭、肩、肘、胸、胯、膝、腳，有視機而動的精神狀態。

一二一、退步跨虎腳

【動作】

1.承上勢。腰略右轉，右腳向後撤步，落於左腳內踝後，腳掌著地，腰略左轉，重心後移，右腳踏實，成左虛步；同時，兩拳變掌，下按至胸前，掌心均斜朝下，指尖斜向前。方向同上，目視前方（圖340）。

圖 340　　　　　　圖 341

2.左腳向襠前提起，腳尖內扣，與襠同高，成獨立步；同時，兩掌弧形分開，右掌置於右額外方，掌心朝外，指尖斜向右；左掌置於左胯外側，掌心朝後，指尖斜向右。面朝正東，目視前方（圖341）。

【用法】

對方左掌抓我右前臂，右掌抓我左前臂，我兩掌翻轉，搭住其兩臂下按，同時左腳提起，挑進對方襠內，腳尖勾其尾閭，脛骨靠其襠口，兩掌上下分開，左掌向左下採，右掌先向右上提托，再向左按，使其側倒。

【要領】

1.頂勁上領，立身中正，右獨立腿要穩固；左腳不要挑得太高，左小腿脛骨與腳尖成 V 字形。

2.兩掌左下右上分開，先各自向外穿（分力），再意貫左掌，向左下採，右掌有向左下貫勁之意，使勁路一致；兩掌撐開要順遂鬆柔，兩臂皆呈弧形，目視前方，又顧盼兩掌。

一二二、轉身擺蓮

【動作】

1.承上勢。左腳下落至右腳前，向右轉腰，左腳以腳跟為軸，腳尖內扣135度（由東轉向西北），重心落至左腳，右腳外撇180度，腳跟著地，成右虛步；同時，右掌弧形下按至胸前，掌心朝下，指尖向左；左臂外旋，左掌心翻上，經腰腹弧形上穿，置於右掌上面，指尖向前。面朝北偏東（圖342）。

2.腰略右轉，重心上移至右腳，左腳提起，向左前（西北）邁步，先腳跟著地，後踏實，成左弓步；同時，右掌略下按，左掌向前穿出，掌心朝上，指尖向前。面朝西

圖 342

圖 343

北，目視左掌前方（圖343）。

3. 向右轉腰，重心後移，左腳尖內扣90度（由西北轉向東北），重心復移至左腳；右腳略右移，腳掌著地，成右虛步；同時，左臂內旋，左掌劃弧翻轉，置於胸前，掌心朝下，指尖斜朝右；右掌弧形右抹，置於右胸前，掌心斜朝左，指尖向前。面朝正東（圖344）。

4. 腰略左轉，右腳提起

圖 344

圖 345　　　　　　　　　　圖 346

，自左向右，經胸前扇形擺腳，兩掌向右腳面拍打，左掌在先，右掌在後（圖345）。

　　5. 右腳向右回落，置於左腳大趾前，腳掌著地，成右虛步；兩掌左移至左肩前，略高於肩，掌心均斜朝左，指尖向前（圖346）。

　　【用法】

　　1. 對方右掌從背後插進我腋下，我右臂下落，肱骨裡扣，將其掌挾住，同時轉身翻拿其腕，上左腳，左掌穿出插其咽喉或口鼻。

　　2. 對方左拳迎面打來，我腰略轉，出左手拿住其腕，右手搭住其肘，向左猛採，使其失去平衡，同時我右腳迅速右擺，踢其胸肋。

　　【要領】

　　1.轉身時，肩胯必須合住，肩要隨胯轉，不可有先後，致使左臀外突。

　　2.擺蓮時，兩肩不要聳起，要沈肩墜肘，兩掌平弧左採，右腳扇形右擺要協調。右掌勁在虎口，左掌勁在五指，皆是用意貫勁。拍腳要雙響，先左手後右手。從用法上講，兩手向左採，牽動對方重心左移，右腳向右擺打對方胸肋，左來右往，兩力相對，給對方更大的打擊，所以不能手快腳慢或腳快手慢，一定要協調。

　　3.轉身穿掌，右臂勁在肩下肱骨內轉至前臂橈側；左掌勁在掌指，以中指領勁。

一二三、彎弓射虎

【動作】

　　1.承上勢。腰略左轉，隨即右轉，右腳提起向後撤步

圖 347

圖 348

，先腳掌著地，後踏實，左腳掌著地，成左虛步；同時，兩掌向左轉裡，往右弧形下捋，置於右腰前，左掌心朝裡，指尖向右，右掌心朝左，指尖向前。面朝正東，目視兩掌捋回（圖347）。

2.重心稍前移，右腳略提起，同時，兩掌變拳，弧形上滾至右胸前（圖348）。

3.右腳震腳下落，置於左腳內踝後，左腳著地，成左虛步；同時，兩拳向前打出，左拳置於胸前，拳心朝右，拳眼向上；右拳置於右額前，拳心朝外，拳眼向下。面轉正東，目視左拳前方（圖349）。

【用法】

對方兩掌按我胸部，我即轉腰避力，兩掌回旋搭粘其左臂，撤步向右下捋。其若對抗後拉，我兩掌放開，由掌變拳，順水推舟，左拳打其胸部，右拳打其左額。

【要領】

1.右捋，要由左向右往下 S 形運行。

2.兩拳打出，要防止聳右肩抬肘。右拳翻轉，拳心朝外，要以右前臂橈骨內旋來調節。靠肱骨調節翻拳，會導致抬肘聳肩。

3.兩拳打出，上身不可前俯，右腳下震，腳離地面要低，下震時，身體不要做下蹲勢，上身不要有起伏。

圖 349

4. 後挒之勁在兩掌心，主宰於腰際，兩拳打出，勁皆在拳面。腰力催勁，以眼引手，神態嚴正。

一二四、上步搬攔捶

【動作】

圖350

1. 承上勢。腰略左轉，左腳尖外撇45度，重心上移至左腳，右腳提起，向右前蹬腳（高不過膝）出步，腳跟著地，成右虛步；同時，右拳自右上向左下，翻轉往右划圓，置於右胸前方，拳心朝左，拳眼朝上；左拳變掌，向左轉右劃弧，置於右前臂內側，掌心貼近右臂，指尖斜向上。面朝正東，目視右掌前方（圖350）。

2. 重心上移，右腳踏實，左腳提起，經右腳內踝向左前邁步，先腳跟著地，成左虛步；同時，右拳外旋，向右外搬，回抽，置於右腰旁，腰略右轉，拳心朝上，拳眼向外；左掌坐腕，沿右臂內側，向前攔出，掌心斜朝右，指尖斜向上。面朝東偏南，目視左攔掌前方（圖351）。

3. 向左轉腰，重心上移至左腳，成左弓步；同時，右拳內旋，向前打出，與肩同高，拳心朝左，拳眼向上；左拳回抽至右臂內側，掌心朝右，指尖向上。面朝正東，目視右拳前方（圖352）。

用法、要領同第十一式。

圖 351

圖 352

一二五、如封似閉

【動作】

1. 承上勢。腰略右轉，兩臂外旋，左掌劃弧下抄至右臂下，掌心翻上（圖353）。

2. 重心後移至右腳，成左虛步；同時，右掌變掌沿左臂向前抄出，兩掌皆隨腰回抽，置於腹前，掌心均翻下，指尖斜向前。面朝東偏南，目視兩掌（圖354）。

3. 腰略左轉，重心上移

圖 353

圖 354　　　　　　　　　圖 355

至左腳，右腳跟步，落於左腳內踝後，先腳掌著地，後全
腳踏實，成左虛步；同時兩掌向前按出，高與胸平，掌心
斜朝前，指尖向上，兩臂皆呈弧形。面朝正東，目視按掌
前方（圖355）。

　　用法、要領同第十二式。

一二六、簸箕式

【動作】

　　1.承上勢。兩掌劃外弧，回轉、下按至小腹前，掌心
皆朝下，指尖斜相對；左腳略向左前出步落於右腳前方，
腳尖點地，右腳自然起立，成左虛步；同時，兩臂外旋，
兩拳自下而上，由內向外扇形分開，略高於兩額，掌心皆
斜朝上，指尖斜向外。面朝正東，目視前方（圖356）。

　　2.兩掌自外轉內，弧形後抽下落，兩臂屈肘，兩肘貼

近兩腰際，兩掌心均朝上，指尖向前。面朝正東，目視前方（圖357）。

3.右腳屈膝提起，腳尖內扣，腳跟向前蹬出，高不過胸（圖358）。

用法、要領同第十三式。

一二七、雙托掌

【動作】

1.承上勢。右腳下落，腳尖外撇45度，屈膝下蹲；左腳提起，向左前邁步，先腳跟著地，成左虛步；同時

圖 356

圖 357

圖 358

圖 359　　　　　　　　　　　　圖 360

，兩肘向裡扣，兩掌向內合，置於腹前，掌心朝上，指尖
向前（圖359）。

　　2.重心上移，左腳踏實，成左弓步；同時，兩掌隨重
心上移，伸臂向前托出，高與腹同（肋下），掌心朝上，
指尖向前。面朝正東，目視兩掌前方（圖360）。

　　用法、要領同第十四式。

　　一二八、十字手

　　【動作】

　　1.承上勢。向右轉腰，右腳尖外撤45度，重心移至右
腳，左腳尖內扣90度，成右側弓步；同時，右臂內旋，右
掌向右平抹，置於右腰外方，高與腰平，掌心朝下，指尖
斜向外；左臂內旋，左掌向右平抹，置於左腰外方，高與
腰平，掌心朝下，指尖斜向外。面朝正南，目視盼兩掌（

圖 361

圖 362

圖361）。

2. 重心移至左腳，成左側弓步；同時，兩臂皆外旋，兩掌弧形下沈、翻轉，自外向內劃弧，置於腹前，掌心均斜朝上，指尖斜向前。面朝正南（圖362）。

3. 右腳提起，向左移步，落於左腳內側，腳尖向南，兩腳外側與肩同寬；同時，兩掌弧形向裡抱合，置於胸前，兩腕交叉，右掌在外，掌心均朝裡，指尖斜向上

圖 363

圖 364　　　　　　　　　　　圖 365

，指與鼻同高。面朝南，目從兩掌中間視出（圖363）。

用法、要領同第十五式。

一二九、合太極

1. 承上勢。兩臂內旋，兩掌扇形分開，指尖略偏外向上，掌心斜朝前（圖364）。

2. 兩腿緩緩站起，兩掌徐徐下按，兩臂略外旋，兩掌下按至兩大腿外側，掌心朝大腿，兩掌中指梢端（中衝）輕搭在大腿兩筋中間，右腳移攏（圖365）。

3. 立身中正，虛靈頂勁，沈肩平胸，以意收氣。上眼皮下垂。目下視鼻尖（圖366）。

對方從正面用兩掌按我兩肩，我以靜待動，兩掌扇形分開，掌根按其肩下肱骨，用腰勁將其按出。

【要領】

1. 兩掌分開前按，不要出勢過大，兩臂皆成弧形，以意念運勁。

2. 兩掌附於兩腿外側，中指中衝穴（指梢端）要輕輕按住大腿外側的兩筋中間風市穴，使中指之氣注入風市，大腿外側氣感濃濃，用己之氣，補己之身。中指梢端中衝穴，屬於陰經，大腿外側風市穴，屬於陽經，陰陽調和，對健身極為有益。

圖 366

3. 鬆體靜心，精神內斂，內氣團聚。上眼皮下垂，下視鼻尖，對外界聞而不聽，視而不見，飄飄然如入仙境。

4. 合太極後，要靜立一分鐘，方有要領第二、三點的感覺產生，如一收勢就隨便走動、講話，會影響練功效果。

大展出版社有限公司
品冠文化出版社

圖書目錄

地址：台北市北投區(石牌)　　電話：(02)28236031
　　　致遠一路二段12巷1號　　　　28236033
郵撥：01669551＜大展＞　　　　　28233123
　　　19346241＜品冠＞　　傳真：(02)28272069

·少 年 偵 探·品冠編號 66

1.	怪盜二十面相	（精）	江戶川亂步著	特價 189 元
2.	少年偵探團	（精）	江戶川亂步著	特價 189 元
3.	妖怪博士	（精）	江戶川亂步著	特價 189 元
4.	大金塊	（精）	江戶川亂步著	特價 230 元
5.	青銅魔人	（精）	江戶川亂步著	特價 230 元
6.	地底魔術王	（精）	江戶川亂步著	特價 230 元
7.	透明怪人	（精）	江戶川亂步著	特價 230 元
8.	怪人四十面相	（精）	江戶川亂步著	特價 230 元
9.	宇宙怪人	（精）	江戶川亂步著	特價 230 元
10.	恐怖的鐵塔王國	（精）	江戶川亂步著	特價 230 元
11.	灰色巨人	（精）	江戶川亂步著	特價 230 元
12.	海底魔術師	（精）	江戶川亂步著	特價 230 元
13.	黃金豹	（精）	江戶川亂步著	特價 230 元
14.	魔法博士	（精）	江戶川亂步著	特價 230 元
15.	馬戲怪人	（精）	江戶川亂步著	特價 230 元
16.	魔人銅鑼	（精）	江戶川亂步著	特價 230 元
17.	魔法人偶	（精）	江戶川亂步著	特價 230 元
18.	奇面城的秘密	（精）	江戶川亂步著	特價 230 元
19.	夜光人	（精）	江戶川亂步著	特價 230 元
20.	塔上的魔術師	（精）	江戶川亂步著	特價 230 元
21.	鐵人Q	（精）	江戶川亂步著	特價 230 元
22.	假面恐怖王	（精）	江戶川亂步著	特價 230 元
23.	電人M	（精）	江戶川亂步著	特價 230 元
24.	二十面相的詛咒	（精）	江戶川亂步著	特價 230 元
25.	飛天二十面相	（精）	江戶川亂步著	特價 230 元
26.	黃金怪獸	（精）	江戶川亂步著	特價 230 元

·生 活 廣 場·品冠編號 61

1.	366 天誕生星	李芳黛譯	280 元
2.	366 天誕生花與誕生石	李芳黛譯	280 元
3.	科學命相	淺野八郎著	220 元

4. 已知的他界科學　　　　　陳蒼杰譯　220元
5. 開拓未來的他界科學　　　陳蒼杰譯　220元
6. 世紀末變態心理犯罪檔案　沈永嘉譯　240元
7. 366天開運年鑑　　　　　林廷宇編著　230元
8. 色彩學與你　　　　　　　野村順一著　230元
9. 科學手相　　　　　　　　淺野八郎著　230元
10. 你也能成為戀愛高手　　　柯富陽編著　220元
11. 血型與十二星座　　　　　許淑瑛編著　230元
12. 動物測驗─人性現形　　　淺野八郎著　200元
13. 愛情、幸福完全自測　　　淺野八郎著　200元
14. 輕鬆攻佔女性　　　　　　趙奕世編著　230元
15. 解讀命運密碼　　　　　　郭宗德著　200元
16. 由客家了解亞洲　　　　　高木桂藏著　220元

・女醫師系列・品冠編號62

1. 子宮內膜症　　　　　　　國府田清子著　200元
2. 子宮肌瘤　　　　　　　　黑島淳子著　200元
3. 上班女性的壓力症候群　　池下育子著　200元
4. 漏尿、尿失禁　　　　　　中田真木著　200元
5. 高齡生產　　　　　　　　大鷹美子著　200元
6. 子宮癌　　　　　　　　　上坊敏子著　200元
7. 避孕　　　　　　　　　　早乙女智子著　200元
8. 不孕症　　　　　　　　　中村春根著　200元
9. 生理痛與生理不順　　　　堀口雅子著　200元
10. 更年期　　　　　　　　　野末悅子著　200元

・傳統民俗療法・品冠編號63

1. 神奇刀療法　　　　　　　潘文雄著　200元
2. 神奇拍打療法　　　　　　安在峰著　200元
3. 神奇拔罐療法　　　　　　安在峰著　200元
4. 神奇艾灸療法　　　　　　安在峰著　200元
5. 神奇貼敷療法　　　　　　安在峰著　200元
6. 神奇薰洗療法　　　　　　安在峰著　200元
7. 神奇耳穴療法　　　　　　安在峰著　200元
8. 神奇指針療法　　　　　　安在峰著　200元
9. 神奇藥酒療法　　　　　　安在峰著　200元
10. 神奇藥茶療法　　　　　　安在峰著　200元
11. 神奇推拿療法　　　　　　張貴荷著　200元
12. 神奇止痛療法　　　　　　漆浩著　200元

・常見病藥膳調養叢書・品冠編號631

1. 脂肪肝四季飲食　　　　　　　　蕭守貴著　200元
2. 高血壓四季飲食　　　　　　　　秦玖剛著　200元
3. 慢性腎炎四季飲食　　　　　　　魏從強著　200元
4. 高脂血症四季飲食　　　　　　　　薛輝著　200元
5. 慢性胃炎四季飲食　　　　　　　馬秉祥著　200元
6. 糖尿病四季飲食　　　　　　　　王耀獻著　200元
7. 癌症四季飲食　　　　　　　　　　李忠著　200元

·彩色圖解保健· 品冠編號64

1. 瘦身　　　　　　　　　　　主婦之友社　300元
2. 腰痛　　　　　　　　　　　主婦之友社　300元
3. 肩膀痠痛　　　　　　　　　主婦之友社　300元
4. 腰、膝、腳的疼痛　　　　　主婦之友社　300元
5. 壓力、精神疲勞　　　　　　主婦之友社　300元
6. 眼睛疲勞、視力減退　　　　主婦之友社　300元

·心　想　事　成· 品冠編號65

1. 魔法愛情點心　　　　　　　　結城莫拉著　120元
2. 可愛手工飾品　　　　　　　　結城莫拉著　120元
3. 可愛打扮 & 髮型　　　　　　結城莫拉著　120元
4. 撲克牌算命　　　　　　　　　結城莫拉著　120元

·熱　門　新　知· 品冠編號67

1. 圖解基因與 DNA　　（精）　中原英臣 主編　230元
2. 圖解人體的神奇　　（精）　米山公啟 主編　230元
3. 圖解腦與心的構造　（精）　永田和哉 主編　230元
4. 圖解科學的神奇　　（精）　鳥海光弘 主編　230元
5. 圖解數學的神奇　　（精）　柳 谷 晃　著　250元
6. 圖解基因操作　　　（精）　海老原充 主編　230元
7. 圖解後基因組　　　（精）　才園哲人　著　230元

·法律專欄連載· 大展編號58

法律服務社／編著

1. 別讓您的權利睡著了(1)　　　　　　　　200元
2. 別讓您的權利睡著了(2)　　　　　　　　200元

·武　術　特　輯· 大展編號10

1. 陳式太極拳入門　　　　　　　　馮志強編著　180元

2. 武式太極拳　　　　　　　　　　　　郝少如編著　200元
3. 練功十八法入門　　　　　　　　　　蕭京凌編著　120元
4. 教門長拳　　　　　　　　　　　　　蕭京凌編著　150元
5. 跆拳道　　　　　　　　　　　　　　蕭京凌編譯　180元
6. 正傳合氣道　　　　　　　　　　　　程曉鈴譯　　200元
7. 圖解雙節棍　　　　　　　　　　　　陳銘遠著　　150元
8. 格鬥空手道　　　　　　　　　　　　鄭旭旭編著　200元
9. 實用跆拳道　　　　　　　　　　　　陳國榮編著　200元
10. 武術初學指南　　　　　李文英、解守德編著　250元
11. 泰國拳　　　　　　　　　　　　　　陳國榮著　　180元
12. 中國式摔跤　　　　　　　　　　黃　斌編著　　180元
13. 太極劍入門　　　　　　　　　　　李德印編著　180元
14. 太極拳運動　　　　　　　　　　　　運動司編　　250元
15. 太極拳譜　　　　　　　　　清‧王宗岳等著　280元
16. 散手初學　　　　　　　　　　冷　峰編著　　200元
17. 南拳　　　　　　　　　　　　　　朱瑞琪編著　180元
18. 吳式太極劍　　　　　　　　　　　　王培生著　　200元
19. 太極拳健身與技擊　　　　　　　　　王培生著　　250元
20. 秘傳武當八卦掌　　　　　　　　　　狄兆龍著　　250元
21. 太極拳論譚　　　　　　　　　　沈　壽著　　　250元
22. 陳式太極拳技擊法　　　　　　　　馬　虹著　　　250元
23. 三十四式太極拳　　　　　　　　　闞桂香著　　180元
　　三十二式太極劍
24. 楊式秘傳129式太極長拳　　　　　　張楚全著　　280元
25. 楊式太極拳架詳解　　　　　　　　　林炳堯著　　280元
26. 華佗五禽劍　　　　　　　　　　　　劉時榮著　　180元
27. 太極拳基礎講座:基本功與簡化24式　　李德印著　250元
28. 武式太極拳精華　　　　　　　　　　薛乃印著　　200元
29. 陳式太極拳拳理闡微　　　　　　　馬　虹著　　　350元
30. 陳式太極拳體用全書　　　　　　　馬　虹著　　　400元
31. 張三豐太極拳　　　　　　　　　　　陳占奎著　　200元
32. 中國太極推手　　　　　　　　　張　山主編　　300元
33. 48式太極拳入門　　　　　　　　　門惠豐編著　220元
34. 太極拳奇人奇功　　　　　　　　　　嚴翰秀編著　250元
35. 心意門秘籍　　　　　　　　　　　　李新民編著　220元
36. 三才門乾坤戊己功　　　　　　　　　王培生編著　220元
37. 武式太極劍精華 +VCD　　　　　　　薛乃印編著　350元
38. 楊式太極拳　　　　　　　　　　　　傅鐘文演述　200元
39. 陳式太極拳、劍36式　　　　　　　　闞桂香編著　250元
40. 正宗武式太極拳　　　　　　　　　　薛乃印著　　220元
41. 杜元化<太極拳正宗>考析　　　　　王海洲等著　300元
42. <珍貴版>陳式太極拳　　　　　　　　沈家楨著　　280元
43. 24式太極拳＋VCD　　　中國國家體育總局著　350元
44. 太極推手絕技　　　　　　　　　　　安在峰編著　250元
45. 孫祿堂武學錄　　　　　　　　　　　孫祿堂著　　300元

4

46. <珍貴本>陳式太極拳精選　　　　馮志強著　280元
47. 武當趙保太極拳小架　　　　　　鄭悟清傳授　250元
48. 太極拳習練知識問答　　　　　　邱丕相主編　220元
49. 八法拳 八法槍　　　　　　　　武世俊著　220元
50. 地趟拳＋VCD　　　　　　　　張憲政著　350元
51. 四十八式太極拳＋VCD　　　　楊　靜演示　400元
52. 三十二式太極劍＋VCD　　　　楊　靜演示　350元
53. 隨曲就伸 中國太極拳名家對話錄　余功保著　300元
54. 陳式太極拳五動八法十三勢　　　闞桂香著　200元

・彩色圖解太極武術・ 大展編號102

1. 太極功夫扇　　　　　　　　　李德印編著　220元
2. 武當太極劍　　　　　　　　　李德印編著　220元
3. 楊式太極劍　　　　　　　　　李德印編著　220元
4. 楊式太極刀　　　　　　　　　王志遠著　220元
5. 二十四式太極拳（楊式）＋VCD　李德印編著　350元
6. 三十二式太極劍（楊式）＋VCD　李德印編著　350元
7. 四十二式太極劍＋VCD　　　　李德印編著
8. 四十二式太極拳＋VCD　　　　李德印編著

・國際武術競賽套路・ 大展編號103

1. 長拳　　　　　　　　　　　　李巧玲執筆　220元
2. 劍術　　　　　　　　　　　　程慧琨執筆　220元
3. 刀術　　　　　　　　　　　　劉同為執筆　220元
4. 槍術　　　　　　　　　　　　張躍寧執筆　220元
5. 棍術　　　　　　　　　　　　殷玉柱執筆　220元

・簡化太極拳・ 大展編號104

1. 陳式太極拳十三式　　　　　　陳正雷編著　200元
2. 楊式太極拳十三式　　　　　　楊振鐸編著　200元
3. 吳式太極拳十三式　　　　　　李秉慈編著　200元
4. 武式太極拳十三式　　　　　　喬松茂編著　200元
5. 孫式太極拳十三式　　　　　　孫劍雲編著　200元
6. 趙堡式太極拳十三式　　　　　王海洲編著　200元

・中國當代太極拳名家名著・ 大展編號106

1. 太極拳規範教程　　　　　　　李德印著　550元
2. 吳式太極拳詮真　　　　　　　王培生著　500元
3. 武式太極拳詮真　　　　　　　喬松茂著

·名師出高徒· 大展編號 111

1.	武術基本功與基本動作	劉玉萍編著	200 元
2.	長拳入門與精進	吳彬等著	220 元
3.	劍術刀術入門與精進	楊柏龍等著	220 元
4.	棍術、槍術入門與精進	邱丕相編著	220 元
5.	南拳入門與精進	朱瑞琪編著	220 元
6.	散手入門與精進	張山等著	220 元
7.	太極拳入門與精進	李德印編著	280 元
8.	太極推手入門與精進	田金龍編著	220 元

·實用武術技擊· 大展編號 112

1.	實用自衛拳法	溫佐惠著	250 元
2.	搏擊術精選	陳清山等著	220 元
3.	秘傳防身絕技	程崑彬著	230 元
4.	振藩截拳道入門	陳琦平著	220 元
5.	實用擒拿法	韓建中著	220 元
6.	擒拿反擒拿 88 法	韓建中著	250 元
7.	武當秘門技擊術入門篇	高翔著	250 元
8.	武當秘門技擊術絕技篇	高翔著	250 元

·中國武術規定套路· 大展編號 113

1.	螳螂拳	中國武術系列	300 元
2.	劈掛拳	規定套路編寫組	300 元
3.	八極拳	國家體育總局	250 元

·中華傳統武術· 大展編號 114

1.	中華古今兵械圖考	裴錫榮主編	280 元
2.	武當劍	陳湘陵編著	200 元
3.	梁派八卦掌（老八掌）	李子鳴遺著	220 元
4.	少林 72 藝與武當 36 功	裴錫榮主編	230 元
5.	三十六把擒拿	佐藤金兵衛主編	200 元
6.	武當太極拳與盤手 20 法	裴錫榮主編	220 元

· 少 林 功 夫 · 大展編號 115

1.	少林打擂秘訣	德虔、素法編著	300 元
2.	少林三大名拳 炮拳、大洪拳、六合拳	門惠豐等著	200 元
3.	少林三絕 氣功、點穴、擒拿	德虔編著	300 元
4.	少林怪兵器秘傳	素法等著	250 元
5.	少林護身暗器秘傳	素法等著	220 元

6. 少林金剛硬氣功	楊維編著	250 元
7. 少林棍法大全	德虔、素法編著	250 元
8. 少林看家拳	德虔、素法編著	250 元
9. 少林正宗七十二藝	德虔、素法編著	280 元
10. 少林瘋魔棍闡宗	馬德著	250 元

·原地太極拳系列· 大展編號 11

1. 原地綜合太極拳 24 式	胡啟賢創編	220 元
2. 原地活步太極拳 42 式	胡啟賢創編	200 元
3. 原地簡化太極拳 24 式	胡啟賢創編	200 元
4. 原地太極拳 12 式	胡啟賢創編	200 元
5. 原地青少年太極拳 22 式	胡啟賢創編	220 元

· 道 學 文 化 · 大展編號 12

1. 道在養生：道教長壽術	郝勤等著	250 元
2. 龍虎丹道：道教內丹術	郝勤著	300 元
3. 天上人間：道教神仙譜系	黃德海著	250 元
4. 步罡踏斗：道教祭禮儀典	張澤洪著	250 元
5. 道醫窺秘：道教醫學康復術	王慶餘等著	250 元
6. 勸善成仙：道教生命倫理	李剛著	250 元
7. 洞天福地：道教宮觀勝境	沙銘壽著	250 元
8. 青詞碧簫：道教文學藝術	楊光文等著	250 元
9. 沈博絕麗：道教格言精粹	朱耕發等著	250 元

· 易 學 智 慧 · 大展編號 122

1. 易學與管理	余敦康主編	250 元
2. 易學與養生	劉長林等著	300 元
3. 易學與美學	劉綱紀等著	300 元
4. 易學與科技	董光壁著	280 元
5. 易學與建築	韓增祿著	280 元
6. 易學源流	鄭萬耕著	280 元
7. 易學的思維	傅雲龍等著	250 元
8. 周易與易圖	李申著	250 元
9. 中國佛教與周易	王仲堯著	350 元
10. 易學與儒學	任俊華著	350 元
11. 易學與道教符號揭秘	詹石窗著	350 元

· 神 算 大 師 · 大展編號 123

| 1. 劉伯溫神算兵法 | 應涵編著 | 280 元 |
| 2. 姜太公神算兵法 | 應涵編著 | 280 元 |

國家圖書館出版品預行編目資料

楊式秘傳 129 式太極長拳 / 張楚全編著；
－初版－臺北市，大展，民 88
面 ； 21 公分 －（武術特輯；24）
ISBN 957-557-917-8（平裝）

1. 太極拳

528.972　　　　　　　　　　　　88003712

行政院新聞局局版臺陸字第 100962 號核准
北京人民體育出版社授權中文繁體字版

楊式秘傳 129 式太極長拳　ISBN 957-557-917-8

編 著 者 / 張　楚　全
發 行 人 / 蔡　森　明
出 版 者 / 大展出版社有限公司
社　　址 / 台北市北投區（石牌）致遠一路 2 段 12 巷 1 號
電　　話 / （02）28236031・28236033・28233123
傳　　真 / （02）28272069
郵政劃撥 / 01669551
網　　址 / www.dah-jaan.com.tw
E－mail / dah_jaan@pchome.com.tw
登 記 證 / 局版臺業字第 2171 號
承 印 者 / 國順文具印刷行
裝　　訂 / 協億印製廠股份有限公司
排 版 者 / 千兵企業有限公司
初版 1 刷 / 1999 年（民 88 年） 6 月
初版 2 刷 / 2004 年（民 93 年） 1 月

定價 / 280 元